Konsum - Eine Abrechnung

Michael Jäckel

Konsum - Eine Abrechnung

 Springer

Michael Jäckel
Universität Trier
Trier, Deutschland

ISBN 978-3-658-46137-9   ISBN 978-3-658-46138-6 (eBook)
https://doi.org/10.1007/978-3-658-46138-6

Die Deutsche Nationalbibliothek verzeichnet diese Publikation in der Deutschen Nationalbibliografie; detaillierte bibliografische Daten sind im Internet über https://portal.dnb.de abrufbar.

© Der/die Herausgeber bzw. der/die Autor(en), exklusiv lizenziert an Springer Fachmedien Wiesbaden GmbH, ein Teil von Springer Nature 2025

Das Werk einschließlich aller seiner Teile ist urheberrechtlich geschützt. Jede Verwertung, die nicht ausdrücklich vom Urheberrechtsgesetz zugelassen ist, bedarf der vorherigen Zustimmung des Verlags. Das gilt insbesondere für Vervielfältigungen, Bearbeitungen, Übersetzungen, Mikroverfilmungen und die Einspeicherung und Verarbeitung in elektronischen Systemen.
Die Wiedergabe von allgemein beschreibenden Bezeichnungen, Marken, Unternehmensnamen etc. in diesem Werk bedeutet nicht, dass diese frei durch jede Person benutzt werden dürfen. Die Berechtigung zur Benutzung unterliegt, auch ohne gesonderten Hinweis hierzu, den Regeln des Markenrechts. Die Rechte des/der jeweiligen Zeicheninhaber*in sind zu beachten.
Der Verlag, die Autor*innen und die Herausgeber*innen gehen davon aus, dass die Angaben und Informationen in diesem Werk zum Zeitpunkt der Veröffentlichung vollständig und korrekt sind. Weder der Verlag noch die Autor*innen oder die Herausgeber*innen übernehmen, ausdrücklich oder implizit, Gewähr für den Inhalt des Werkes, etwaige Fehler oder Äußerungen. Der Verlag bleibt im Hinblick auf geografische Zuordnungen und Gebietsbezeichnungen in veröffentlichten Karten und Institutionsadressen neutral.

Springer ist ein Imprint der eingetragenen Gesellschaft Springer Fachmedien Wiesbaden GmbH und ist ein Teil von Springer Nature.
Die Anschrift der Gesellschaft ist: Abraham-Lincoln-Str. 46, 65189 Wiesbaden, Germany

Wenn Sie dieses Produkt entsorgen, geben Sie das Papier bitte zum Recycling.

„Wo ist euer Platz im Marketingsystem? Sobald ihr aus der Schule seid, ist es nur noch eine Sache der Zeit, bis ihr die ungeheure Einsamkeit und Unzufriedenheit von Konsumenten erfahrt, die ihre Gruppenidentität verloren haben."
Weißes Rauschen (1987), Don DeLillo

Zu diesem Buch

In seinem Gedicht „Optimistisches Liedchen" sammelte Hans Magnus Enzensberger mit ironisch-kritischem Unterton Eindrücke aus dem Alltag der modernen Gesellschaft, vielleicht auch Augenblicke der Zuversicht. Er schrieb unter anderem:

„Vormittags wimmelt es auf den Straßen
Von Personen, die ohne gezücktes Messer
hin- und herlaufen, seelenruhig,
auf der Suche nach Milch und Radieschen."

Könnte es auch eine Marktbeschreibung sein? Man erinnere sich an den mittelalterlichen Marktfrieden, der eine Friedenszeit markierte, eine königlich geschützte Ordnung. Zum Optimismus dieses Gedichts gehört gewiss die Erfahrung, dass Marktordnungen gestört werden können. Denn der Markt selbst repräsentiert im Allgemeinen einen Ort des Austauschs, wo Anbieter und Nachfrager kalkulieren, vergleichen, werben, beobachten. Ob sie dabei ihre

Identität verlieren, wie Don DeLillo in seinem Roman „Weißes Rauschen" schrieb?

Konsum ist das Thema dieses Buches, das nicht das Format eines Lehr- oder Einführungsbuchs wählt. Der Einstieg mit einem Gedicht soll in gewisser Weise veranschaulichen, dass das didaktische Konzept in der Entscheidung für eine Textgattung liegt, die auf Gliederung und Untergliederung nicht völlig verzichtet, insgesamt aber eher den Weg eines Essays einschlägt. Lehr- und Einführungsbücher richten sich mit einem Gesamtkonzept an in der Regel studentische Zielgruppen. Als Autor habe ich dieses Format mehrfach umgesetzt, auch zu dem Gebiet der Konsumsoziologie. Diese Veröffentlichungen sind auch für das nun vorliegende Buch von zentraler Bedeutung gewesen.[1] Der Stoff aber wurde entlang einer Leitidee neu sortiert, die im ersten Kapitel beschrieben wird.

Dies ist also kein Sachbuch im klassischen Sinne. Es verzichtet selbstverständlich nicht auf den Belegnachweis, wählt aber einen Weg, der für Leserinnen und Leser auch ohne das Nachschlagen an anderer Stelle einen Überblick verschafft. Meiner studentischen Mitarbeiterin Hannah Weis danke ich für ihre Unterstützung.

Trier, Michael Jäckel
im September 2024

---

[1] Ich verweise insbesondere auf die „Einführung in die Konsumsoziologie", die im Jahr 2011 in 4. Auflage erschienen ist.

Inhaltsverzeichnis

1 Konsum – Warum „Abrechnung"? 1

2 „Wechselbäder" – Die Bedürfnisse und die Ambivalenz 7

3 „Der Kaiser bei Wertheim" – Kaufen als Notwendigkeit und Erlebnis 19

4 „Snob Appeal" – Die Konsumgesellschaft und ihre „Kaufetagen" 33

5 „Mode bleibt Mode" – Wandel und Stabilität auf Konsummärkten 45

6 „C'est bon, C'est bon …" – Impulsgeber und Geschichtenerzähler 57

7 „Slow Food" – Ernährung als kreatives Grundbedürfnis 73

8	„For good" – Der andere Konsum	89
9	„Ein Gefühl von Freiheit" – Konsumentenleitbilder	105
10	„Thesenabrechnung" – Die Quittung	119
Literatur		147

# 1

Konsum – Warum „Abrechnung"?

Konsum ist Teil der Konjunktur und lebt von Konjunkturen. Die Konsumgesellschaft ist auf Störung und Unterbrechung ausgelegt. Sättigung ist ein vergängliches Phänomen. Ebenso ändern sich Orte des Konsums, der Verbrauch hat ein bestätigendes und zerstörerisches Element. In ihm spiegelt sich eine Abrechnung mit Gewohnheiten. Als Folge verteilt sich der „Kaufkraft-Kuchen" immer wieder neu. Deshalb messen wir das Konsumklima, „besiegeln" oder zertifizieren den Konsum und seine Produkte, verfolgen Zulieferung und Herkunft und verwandeln Verpackungen in ein Transparenzregister. Parallel dazu verändern sich Konsumentenleitbilder.

Hier soll also mit dem Gedanken der Abrechnung gespielt werden. Daraus ergibt sich die Abkehr von einer lehrbuchhaften Vorgehensweise und ein etwas anderer Blick auf einen ambivalenten Alltagsbegleiter.

Konsum – eine Abrechnung. Damit verbindet sich ein Leitgedanke, der mit Blick auf den Wandel der Konsumgesellschaft zu mehreren Ebenen und Feldern führt, die beschrieben und analysiert werden sollen.

Wenn dem Konsum beispielsweise Schattenseiten nachgesagt werden, waren diese dann von Beginn an vorhanden oder bekannt? Oder ist seine dunkle Seite das Ergebnis eines Wandels, der diesen Zustand erst hervorgebracht hat? Statisch jedenfalls lässt sich über den Konsum kaum sprechen. Immer trägt er den „Keim der eigenen Zerstörung", so Albert O. Hirschman, in sich. Als Phänomen bleibt er dennoch ständig existent, kommt selten zur Ruhe, vor allem nicht dauerhaft.

Der Gedanke, dass die Konsumgesellschaft auf Störung und Unterbrechung angelegt ist, wurde von dem polnisch-britischen Soziologen Zygmunt Bauman in „Leben als Konsum" formuliert (vgl. Bauman 2009, S. 44 f.). Die Werbung ist als Beispiel naheliegend, da sie meistens aufdringlichen Charakter hat. Zumindest sind die Botschaften selten wirklich gewünscht, allenfalls toleriert – und dann kann es gelegentlich auch mal Spaß machen.

Der Werbung wird Einfluss attestiert. Wenn am Anfang „nur" Bedürfnisse waren, so sind da heute – oder seit geraumer Zeit – auch Ansprüche und Enttäuschungen. Und wo sich einst ein begehrter Ort des Konsums entwickelt hat, ist plötzlich von dessen Ende oder fehlender Zukunft die Rede. Das Kaufhaus – der Omnibus des Konsums – erlebt diese Umorientierung des Kaufverhaltens sehr deutlich und sucht nach einem Profil, das über den morgigen Tag hinaus auf Zustimmung stößt. Auch der Warenhauskatalog galt einmal als Bilderbuch des Wohlstands, zugleich als Quelle, die den Zeitgeist widerspiegelte. So kam Hans Magnus Enzensberger nach dem Studium eines solchen Katalogs zu dem Ergebnis, darin eine „kleinbürgerliche Hölle" zu sehen (1962, S. 168). Er schrieb unter anderem: „Politiker und Soziologen, Nationalökonomen und Romanciers ist seine Lektüre auf das dringendste anzuraten. Obgleich es der Werbung dient, gibt es Auskünfte von der striktesten Objektivität, die man sich wünschen kann." (Enzensberger 1962, S. 167) Aufschlussreich auch die von ihm vorgenommene historische Wertzuschreibung: „Ein Ethnologe aus dem Jahr 3000 könnte aus diesem Katalog genauere und fruchtbarere Schlüsse auf unsere Zustände ziehen als aus unserer ganzen erzählenden Literatur." (Enzensberger 1962, S. 168) Aber mit der Vervielfältigung der Vertriebswege und des Angebots sind erfolgreiche Konzepte vergänglicher geworden. Insofern ist es legitim, das Heute und das Gestern als Episoden einer sich ändernden, aber auch gelegentlich sich wiederholenden Konsumgeschichte in den Blick zu nehmen.

In einem weiteren Sinne wird, wenn es um den Konsum geht, viel bilanziert. Jeder Markteintritt wird gut vorbereitet, die Messlatte des jeweiligen Umfelds muss bekannt sein, die Sprache der Zahlen und Indikatoren darf nicht ignoriert werden. Gerade Umwelt und Ernährung haben Scoring zur Pflicht gemacht. Wenn es um die Ernährung geht, warnen uns Ampeln und weitere gestufte Informationssysteme vor den Folgen eines unbedachten oder übermäßigen Verbrauchs. So gilt auch hier: „Alles ist Zahl".

Unsere Sehnsüchte sollen also in einem Gleichgewicht gehalten werden. Damit dies gelingt, wird auch mit Konsumleitbildern der Vergangenheit abgerechnet. Der Homo Oeconomicus steht für ein Bild des Verbrauchers, der sein Verhalten stets damit erklärt, wie er den Nutzen aus Entscheidungen maximieren möchte. Aufwand und Ertrag sind die Variablen, die mit einer Präferenzordnung verrechnet werden. In sein individuelles Kalkül wandern aber auch Erwartungen hinein, die nicht ausschließlich seiner persönlichen Bedürfnishierarchie entspringen. Eine freie

Wahl ohne Vorschriften und Regelwerke gibt es ebenso wenig wie den unabhängigen Verbraucher, der sich um keine Marktmacht scheren muss.

Widerspruch erfährt immer wieder auch die Dominanz der Fremdversorgung. Sie wird als konsumistische Leistung eingeordnet, weil darüber (auch) gesellschaftliche Differenzierung stattfindet. Erfolg lässt sich bewohnen und schmecken. Im 18. Jahrhundert spielt der „consumer" noch keine Rolle, im 19. Jahrhundert betritt er die Bühne, weil sich die Agrar- zu einer Industriegesellschaft wandelt und den Rückgang der Selbstversorgung einleitet. Die Städte wachsen, die Verkaufsinfrastruktur wächst mit und schlägt nach und nach die Bevölkerung in ihren Bann. Neben die viel beschriebenen Konsumtempel und Paradiese treten kleinere Orte des Konsums, die sich ihren Platz im Alltag erobern. Verkäufer und Käufer lernen rechnen. Das Engelsche Gesetz zeigt, dass mit steigendem Einkommen der Anteil für Ernährungsausgaben sinkt. Die soziale Ungleichheit kennt nun einen weiteren Indikator. Selbst jene, die sich eine Beteiligung an diesem Wandel kaum leisten können, erleben darüber, dass auch mit ihnen gerechnet wird.

Die Konsumgesellschaft kennt zudem kurze und lange Wege. Die semantische Aufwertung des Kaufens zum „Shopping" kann Elemente des Flanierens beschreiben und verdeutlicht damit ein Raum-Zeit-Kontinuum, das werbende Beobachter hervorbringt. In großen Shopping Malls vereint sich der Konsum der Architektur mit Großeinkäufen. Distanzüberwindung in Form von Einkaufstourismus gehört dazu. Vorher wird kalkuliert, am Ende wird Bilanz gezogen: Hat sich das Ganze gelohnt? Hat der Erlebniskonsum den Versorgungskonsum attraktiv gemacht?

Innerhalb einer Peer Group ist die Bilanzierung von Erwartungen an ereignisgerechtes Auftreten wohl am stärksten ausgeprägt. Hinter der sachlichen Vokabel „Kleidung" offenbaren sich die Gesetze des Aussehens, die deshalb so gut funktionieren, weil sie Anpassung nicht mit Homogenität gleichsetzen. Im Konformismus des jeweiligen Trends genießt der junge Konsument seine Kreativität und erlebt, wie auf diesen Märkten Zugehörigkeit erkauft werden kann.

Diese einleitend aufgeführten Beispiele sollen die hier verfolgte Intention verdeutlichen: Es gibt viele Zweck-Mittel-Relationen, die nach Gewinnen und Verlusten sortiert werden. Stets findet sich hier eine Referenz zum Schaltplan der Konsumgesellschaft. Nicht, dass unentwegt ein mathematisches Kostenbewusstsein trainiert wird. Aber beim Geldausgeben soll gespart werden, im Doppelpack lohnt es sich noch mehr, und die Wahrheit über die Qualität soll im Preis verborgen sein.

2

„Wechselbäder" – Die Bedürfnisse und die Ambivalenz

Vielfalt kennt viele Erscheinungsformen. Ein erstes Beispiel führt uns in ein Goldenes Zeitalter, zur Beerdigung von Gerrit van Uyl. An diesem Tag wurde der Gastwirt des friesischen Städtchens Sloten beerdigt. Die Prozession, mit der die Bewohner ihn am 21. Mai 1660 zu Grabe trugen, soll über einen halben Kilometer lang gewesen sein. An ihrem Ende fanden sich sogar die einheimischen Landstreicher. Der Verstorbene selbst empfahl sich der Nachwelt mit einem Leichenschmaus, der auch für damalige Verhältnisse ungewöhnlich gewesen ist. Serviert wurden „20 Oxhoft französischen Wein und Rheinwein, 70 Fässer Bier, 1110 Pfund gebratenes Fleisch, 550 Pfund Lendenstücke, 28 Kalbsbrüste, 12 ganze Schafe, 18 große Wildpasteten, 200 Pfund Hackfleisch-Frikadellen" (zit. nach Schama 1988, S. 168). Zusätzlich gab es reichlich Brot, Butter, Käse und Tabak. Für die Beteiligten war es ein außergewöhnlicher Tag, denn ein solches Überangebot an verschiedenen und besonderen Nahrungsmitteln unterschied sich deutlich vom Alltag des Hungerns und Fastens.

Gerrit van Uyls Beerdigung fand in einer Zeit statt, in der der Konsum von Lebens- und Genussmitteln stark vom Rhythmus der landwirtschaftlichen Produktion und den Vorgaben des Kirchenkalenders abhängig war. Langen Zeiten der Enthaltsamkeit folgten ebenso kurze wie heftige Perioden der Völlerei, des Überflusses und des Festes. Vor allem die Landbevölkerung hatte im späten 16. Jahrhundert das puritanische Ideal der „Beständigkeit" noch nicht verinnerlicht. Ländliches Leben oszillierte zwischen den beiden Polen Fasching und Fasten. In einem Gemälde von Pieter Bruegel d. Ä. sieht man dann tatsächlich einen dickbäuchigen „Prinz Karneval" gegen die „magere lent", die „dünne Fastenzeit", antreten.[1]

Das zweite Beispiel führt mitten in die moderne Konsumwelt. Vor einigen Jahren besuchte ich eine der größten Outlet-Malls der USA. Ich stand unter anderem vor einem Schuhladen, der nahezu die Fläche eines Fußballfeldes ausfüllte. Zu sehen waren viele bunte Schuhkartons, die aufgrund ihrer Anordnung fast einem Kunstwerk glichen oder die Kunst selbst aufgrund der Zufälligkeit des Ensembles zu inspirieren vermochte. Aber zugleich vermittelte dieser Laden, auch in Verbindung mit dieser fast bedrohlich wirkenden Konsumwelt, ein Gefühl der Bedeutungslosigkeit der Produkte und der Personen, die sie nachfragen. Alles, was über das Unbehagen in der Moderne gesagt und geschrieben wurde, fand hier seine materielle Basis. Erfahrungen dieser Art machen verständlich, warum Glück keine Konstante sein kann und zu den Merkmalen der Konsumgesellschaft, wie sie der Historiker

---

[1] Pieter Bruegel d. Ä. (1559): Kampf zwischen Fasching und Fasten.

John Brewer einmal klassifizierte, auch eine „tiefe Ambivalenz, manchmal sogar offene Feindschaft gegenüber dem Phänomen des Konsums" (Brewer 1997, S. 52) gehört.

Bereits die Anfänge der Konsumkritik lassen sich zur Illustration des Ambivalenz-Phänomens heranziehen: „Jetzt ist alles aus den Fugen. Die Übereinstimmung ist dahin, und mit ihr das richtige Maß, die Schönheit." (Diderot 1993 [zuerst 1772], S. 5) Denis Diderot (1713–1784) hatte sich offenbar gerade von einem Kleidungsstück getrennt, das ihn lange begleitet hatte. Seine Klage über die Folgen einer Entscheidung, die eine einst zufriedenstellende Komposition von Gegenständen in Unordnung bringt, gilt als eine frühe Kritik des Konsums. Sein Essay „Gründe, meinem alten Hausrock nachzutrauern, oder: Eine Warnung an alle, die mehr Geschmack als Geld haben" erschien im Jahr 1772, also zu einer Zeit, die weit von einer Demokratisierung des Konsums entfernt war. Der Essay beschreibt die Konsequenzen eines Verzichts auf Gewohnheiten (▶ s. Box 1)[2], jenes Unbehagen, das heute noch den modernen Konsumenten ereilt, wenn er – von wem auch immer – dazu gedrängt wird, einen bequemen Pullover oder eine bequeme Hose einem zunächst weniger schmiegsamen Kleidungsstück zu opfern. Letztendlich liegt vielen Kaufentscheidungen ein Erneuerungsbedarf zugrunde. Zum Verbrauch gehört nun einmal die Abnutzung. Im Falle von Gütern des täglichen Bedarfs veranschaulicht das moderne Akronym FMCG = Fast Moving Consumer Goods die Erwartung rasch wiederkehrender Bedürfnisse.

---

[2] Mit diesem Zeichen wird fortan auf kurze Beispieltexte, die grau unterlegt sind, hingewiesen.

> **Box 1: „Gründe, meinem alten Hausrock nachzutrauern ..."**
>
> „Ich seufze nicht, mir kommen keine Tränen; doch immer wieder sage ich mir: Verdammt soll er sein, der Kerl, der auf die Idee gekommen ist, aus einem Stück gewöhnlichen Stoffs eine Kostbarkeit zu machen, indem er ihn scharlachrot färbte! Verfluchtes Luxuskleid, dem ich meine Reverenz erweise! Wo ist er hin, mein bescheidener, mein bequemer Wollfetzen?
>
> Liebe Freunde, haltet an den Freunden fest, die euch geblieben sind. Fürchtet die Schläge des Reichtums! Laßt euch mein Beispiel eine Lehre sein. Die Armut hat ihre Freiheiten, der Reichtum seine Zwänge. [...]
>
> Mein alter Hausrock und der ganze Plunder, mit dem ich mich eingerichtet hatte – wie gut paßte eins zum andern! Ein Stuhl aus Rohr, ein Tisch aus Holz, eine Bergamo-Tapete, halb Hanf halb Seide, ein fichtenes Brett, auf dem ein paar Bücher standen, einige verräucherte Stiche ohne Rahmen, einfach auf die alte Wandtapete genagelt; unter den Kupferstichen drei oder vier Gipsabgüsse; das alles paßte in seiner Kargheit aufs allerschönste zu meinem alten Hausrock.
>
> Jetzt ist alles aus den Fugen. Die Übereinstimmung ist dahin, und mit ihr das richtige Maß, die Schönheit. [...]"
> *Diderot 1993 [zuerst 1772], S. 3 ff.*

Die Dringlichkeit eines Bedarfs hat somit nicht erst die Menschen in der aufkommenden Konsumgesellschaft beschäftigt. Diderot beschreibt aber auch eine psychologische Grundhaltung, die im Sinne einer Konsumkontrolle wirkt, und dies in einem doppelten Sinne: Die Internalisierung dieser Kontrolle begrenzt den Konsum, und die Entscheidung für neue Dinge bringt eine vorhandene Ordnung in Bewegung, deren Konsistenz wiederhergestellt werden muss. McCracken spricht sogar von einem „Diderot Effect" und von „Diderot Unities" (McCracken 1988, S. 118). Die Doppelbewegung, die sich bereits hier manifestiert, sieht in der Abkehr vom Verzicht den Einstieg in Abwechslung und in der dadurch ausgelösten Unruhe einen Motor des Wandels.

Was aber verbindet diese einleitenden Beispiele? Zwischen dem Notwendigen und dem Überflüssigen sollen klare Linien gezogen werden. Aber die Monotonie des Alltags dankt für Impulse, die diesem Geordneten und Regulierten die Abwechslung zur Seite stellt. Die natürlichen Bedürfnisse, z. B. Essen und Trinken, sind der Ausgangspunkt von basalen und anspruchsvolleren Programmen, die der Ausgestaltung eine soziale Komponente hinzufügen. Bereits die Bibel weist mit „Der Mensch lebt nicht vom Brot allein" darauf hin, dass das im physiologischen Sinne Notwendige alles andere als festgelegt ist. Das auf der Konsumentenebene beobachtbare Verhalten ist einerseits das Resultat von Notwendigkeiten und Vorlieben, andererseits das Ergebnis von gegebenen bzw. realisierbaren Möglichkeiten und vorhandenen Angeboten. Extravaganz ist dann eine besonders auffällige Lesart dieses Spektrums.

Das tägliche Einkaufen wirkt eben alltäglicher als das sogenannte Shopping, das auch semantisch einen Unterschied ausmacht und danach verlangt, einem entspannten Kaufmodus zu entsprechen. Der US-amerikanischen Konsumforschung ist der frühe Hinweis zu verdanken, dass gerade die täglichen Dinge – Zahnpasta, Mineralwasser, Käsesorten – deshalb so intensiv beworben werden, weil sie nicht so wichtig erscheinen. Gleichgültigkeit gegenüber der Bedeutung eines Produkts erhöht quasi die Chance auf Werbewirkung. Warum also diese Vielfalt bei Dingen, die jeder braucht? Weil auch dort eine Mischung aus kleinen und großen Unterschieden Farbe in den Alltag bringt, der doch eigentlich – auch qua Bezeichnung – eher farblos wirkt. Treffend ist daher der Ausspruch eines Wirtschaftshistorikers: „Früher gab es *ein* Brot für jeden Geschmack. Heute gibt es für jeden Geschmack ein Brot." (Voth 2010,

S. 44) Das Anderssein, der kleine Unterschied, gelingt hier beiläufig beim Einkaufen.

Wer in diesem Zusammenhang an das Bild einer Bedürfnispyramide denkt, erinnert sich sogleich an die Unterscheidung von defizitären und Wachstumsbedürfnissen. Abraham Maslow hat eine Bedürfnishierarchie vorgeschlagen. Diese geht von den physiologischen Bedürfnissen aus, gefolgt von Sicherheitsbedürfnissen und Bedürfnissen nach Zugehörigkeit und Liebe. Bedürfnisse nach Achtung/sozialer Anerkennung und Bedürfnisse nach Selbstverwirklichung folgen. Diese Vorstellung ließe sich mit einer Situationsvariable verbinden, sodass von Fall zu Fall mal dem einen, mal dem anderen Bedürfnis Vorrang gegeben wird.

Trotzdem bilden sich in diesem Prozess Gewohnheiten aus. Auch in den beiden Vielfalts-Beispielen wird vieles ignoriert. Im 17. Jahrhundert sprach niemand von der Freiheit des Verbrauchers. Aber der Unterschied zwischen hungrig und satt war bekannt. An unsere Füße passt zeitgleich nur ein Paar Schuhe. Aber hier ist eine andere Freiheit im Spiel, dessen Vielfalt Züge von Überforderung annehmen kann. Irgendwann wird gar nicht mehr gewählt und auf eine Abwehr gegen die „Tyrannei der kleinen Entscheidungen" (Hirsch 1980, S. 58) gesetzt. Das Leben selbst in die Hand nehmen zu müssen, heißt nicht notwendigerweise Selbstverwirklichung auf breiter Front. Dennoch wird auch dann, wenn sich die Alternativen auf wenig Unterscheidbares reduzieren, mit der Metapher „Vielfalt" gearbeitet. Das Brot-Beispiel kontrastiert eine Welt der Knappheit mit einer Welt der Optionen. Jedenfalls hätte sich der Mensch des 17., 18. oder 19. Jahrhunderts verwundert gezeigt, wäre ihm empfohlen worden: „Die Wahl, wann wir wählen wollen, ist möglicherweise die wichtigste Wahl, die wir treffen können." (Schwartz 2004, S. 117) Solange es ums Überleben ging, war für

Selbstverwirklichungsansprüche wenig Platz. Wieder ist es die Ernährung, die uns diesen Gedanken markant vor Augen führt: „Wenn die Nahrung knapp ist, wird der Mensch weniger wählerisch. […] Wenn die Leute genug zu essen haben, wird der ‚Geschmack' wichtig." (Mennell 1988, S. 40)

Ohne Zweifel wirkt hier eine asketische Grundhaltung fort, die unter den Bedingungen einer wachsenden Prosperität gleichwohl in unvergleichlich höherem Maße herausgefordert wird als in einer Phase der ökonomischen Entwicklung, die wenig Spielraum für disponible Entscheidungen ließ. Die veränderten Rahmenbedingungen für Kaufentscheidungen im Rahmen prosperierender Gesellschaften sind einmal wie folgt beschrieben worden: „Es sind gar nicht vorwiegend technisch-wirtschaftliche Notwendigkeiten, welche Neuanschaffungen herbeiführen. Zugrunde liegt vielmehr eine Bereitschaft, das Neue um seiner selbst willen zu übernehmen und dem Leben neue Facetten zu geben." (Zahn 1960, S. 146) Die im Englischen geläufige Unterscheidung zwischen *needs* und *wants* markiert in diesem Zusammenhang nicht nur die Dynamik eines kontinuierlich steigenden Lebensstandards, sondern eben auch den Hinweis darauf, dass es jenseits der Grundbedürfnisse nicht erst in Konsumgesellschaften ein Verlangen nach Verbesserung der Lebensbedingungen und des persönlichen Wohlbefindens gegeben hat. Die Frage, warum Güter erworben werden und Konsumenten sich von durchaus noch brauchbaren Gütern verabschieden, wird hier mit dem Reiz des Neuen in Verbindung gebracht. In dieser Kalkulation wird Abwechslung eine Variable. Die Vorzüge der Massenproduktion, die dazu führte, dass eine Vielzahl von Standardprodukten nach und nach in unterschiedlichen Variationen zu vergleichsweise günstigen Preisen auf den Markt gelangte, sorgt dafür, dass sich Menschen im Massenkonsum wohlfühlen können: „Jemand, der konformistisch genug ist, um seine Bedürfnisse mit Millionen anderer Leute zu teilen, wird sich gut versorgt fühlen, weil die Dinge, die er haben möchte, in Massen erzeugt und zu niedrigen Preisen angeboten werden." (Scitovsky 1989, S. 17) Den Konsumenten fehlt es nicht an Vorstellungen vom Lebensnotwendigen und Nicht-Lebensnotwendigen. Hierzu passt die Unterscheidung von defensiven und kreativen Gütern, die ein britischer Ökonom bereits 1925 verwandte: „Man unterscheidet am besten zwei große Gruppen von Konsumgütern: Auf der einen Seite jene Produkte, die Schmerzen, Verletzungen oder Qualen vorbeugen oder lindern sollen, und auf der anderen Seite diejenigen, die irgendeine positive Belohnung oder Befriedigung mit sich bringen. Man könnte sie recht gut als defensive und kreative Produkte bezeichnen […]. Ein und dasselbe Gut erfüllt oft auch beide Zwecke." (Hawtrey 1925, zit. nach Scitovsky 1989, S. 96) Kleidung beispielsweise nur unter dem Gesichtspunkt des Schutzes zu betrachten, würde implizieren, dass Mode immer praktisch sei. Nahrung nur unter dem Gesichtspunkt der Sättigung zu betrachten, würde ein Bedürfnis nach wohl gelungenen Speisen negieren und so weiter.

Es lassen sich mehrere Kriterien benennen, die den defensiven Charakter von Gütern überlagern und begründen, warum Konsumenten bestimmte Produkte oder Dienstleistungen als begehrenswert empfinden (vgl. Scitovsky 1989, S. 101 ff.):

- Das Zugehörigkeitsgefühl: Es soll den Hang der Menschen verdeutlichen, sich nicht von anderen Individuen zu isolieren und ihr Verhalten an bestimmten Gruppennormen zu orientieren. Hier vermischen sich Statusdenken und das Bedürfnis nach Gemeinschaft. Auf den Bereich des Konsums angewendet lässt sich sagen, dass Anerkennung an einen Gestaltungsrahmen ge-

bunden bleibt und ausbleibt, wenn ein Lebensstandard nach außen signalisiert wird, der die bislang gewohnten Grenzen überschreitet.
- Das Gefühl der Nützlichkeit: Dieses Gefühl beschreibt zahlreiche Formen des Versuchs, von seiner Umwelt Anerkennung zu erfahren. Dazu gehören Aufmerksamkeiten für andere, z. B. in Form von Geschenken. Das Geschenk innerhalb des Familien- oder Freundeskreises bringt nicht nur dem jeweils Beschenkten Gewinn, sondern auch jenem, der das Geschenk überreicht.
- Die Bedeutung der angenehmen Gewohnheiten: Gewohnheiten machen einen Großteil des Alltagshandelns aus, und sie bestimmen in vielen Bereichen die Annehmlichkeiten des täglichen Lebens, auf die man ungern verzichten möchte. Dazu gehören z. B. auch Freizeitangebote mit hohem Erholungswert oder liebgewordene Fernsehprogramme, über deren Absetzung man zunächst enttäuscht ist. Gleiches gilt für Produkte, die plötzlich vom Markt genommen werden.
- Statusabhängigkeit: Ein erreichter gesellschaftlicher Status vermittelt ein Wohlgefühl, aber auch ein Streben nach Statuserhalt. Der Platz, den man in einer gesellschaftlichen Hierarchie erreicht hat, verliert an Reiz. Zugleich steigt aber die Abhängigkeit von diesem Lebensstandard.

In allem bestätigt sich eine Beobachtung des US-amerikanischen Soziologen George Caspar Homans: „Immer haben die Menschen ihr Verhalten erklärt, indem sie darauf hinwiesen, was es ihnen bringt oder was es sie kostet." (Homans 1972, S. 11) Indem sie ihr Verhalten vermessen, geben sie ihren Entscheidungen einen Sinn. Aber wie exakt gehen sie dabei vor? Wie können sie sich der Wertschätzung durch Dritte sicher sein? Eine überzeugende Antwort lautet: Sie lernen aus ihren Erfahrungen (vgl. Katona 1962). Und wenn ihnen die eigenen Erfahrungen zu wenig belastbar erscheinen, orientieren sie sich an Marktentwicklungen. Das erfordert nicht notwendigerweise Markttransparenz. Wer etwa Moden folgt, setzt auf bereits durch andere getroffene Entscheidungen. Daher werden auch aus Unwissenheit oder auf der Basis selektiver Wahrnehmungen Kosten auf sich genommen, um persönlichen Nutzen verbuchen zu können. Die Signale der Umwelt werden mehr oder weniger sorgsam registriert und bestimmen darüber ein Konsumklima, das über Ausgaben und Sparen, also eine Unterbrechung oder Verzögerung des Geldkreislaufs, befindet. Kaufmöglichkeit und Kaufbereitschaft nehmen Einfluss auf wirtschaftliche Konjunkturen. Optimismus wirkt eher kauffördernd, Pessimismus bremst die Kaufneigungen. In ganz alltäglichen Beobachtungen bündelt sich eine spezifische Form von Klugheit. Wenn es der Wirtschaft lange gut geht, sagt jemand vielleicht: „Was steigt, muss wieder fallen.", oder: „Die Bäume wachsen nicht in den Himmel."

Wer sich somit Stabilität wünscht, unterwandert es durch eigenes Misstrauen. Die Dynamik der Bedürfnisse wird hier in einen Zyklus von Zufriedenheit und Unzufriedenheit eingebettet, der offensichtlich nie zur Ruhe kommt. Zur Begeisterung für etwas Neues gehört die Veralltäglichung. Das ist mit der Aussage, jeder Konsum trage den Keim der eigenen Zerstörung in sich, gemeint. Natürlich wird nicht wirklich etwas vernichtet, gerade im Falle langlebiger Konsumgüter, die nicht sogleich wieder ausgetauscht werden können. Sobald ein Produkt gekauft wurde und sich eine gewisse Zeit im Besitz des Konsumenten befunden hat, nimmt das Vergnügen an diesem neuen Gut ab und wird zunächst durch ein Wohlbefinden ersetzt. Insgesamt aber werden langlebige Güter mit der Zeit einfach langweilig. Albert O. Hirschman, der diese Argumentation entfaltet hat, zitiert George Bernard

Shaw: „Es gibt im Leben zwei tragische Erfahrungen: Die eine ist, daß man nicht bekommt, was man sich sehnlichst wünscht, die andere ist, daß man es bekommt." (zit. nach Hirschman 1984, S. 67 f.) Angesichts der Beschleunigung der Innovationszyklen nehmen solche Wechselbäder zu.

Knappheit wird also durch Steigerung des Warenangebots nicht aus der Welt geschafft, obwohl beständig daran gearbeitet wird, einen anderen Eindruck zu vermitteln. Die sogenannten Grundbedürfnisse sind heute andere als vor 50 Jahren, zumindest werden sie mit anderen Ansprüchen umgeben. Güter des täglichen Bedarfs können den Verbraucher in minimalistischer Form, aber auch auf unterschiedlichen Kreativitätsstufen umwerben, bis hin zur Stilisierung einfachster Nahrungsmittel (man denke z. B. an Kartoffelsuppe und Currywurst im Gourmettempel). Die Welt des Discounts wiederum forciert seit vielen Jahren die Suche nach der Logik des Billigen. Dem Preis kommt eine betörende Signalwirkung zu: Selbst auf niedrigstem Niveau wird die Zuschreibung von Qualität auf der Seite des Konsumenten als doppelter Gewinn verbucht. Man hat beim Ausgeben gespart und trotzdem – so der Glaube – gut konsumiert. Ebenfalls wird es gerne als eine kluge Anpassung ausgelegt, wenn das Portfolio des Verbrauchs die Vielfalt dieser Gelegenheitsstrukturen sukzessive integriert und Teil des Konsumalltags wird.

Gelegenheitsstrukturen – das Wort ist noch jüngeren Datums und beschreibt die Beschaffenheit des Konsumumfelds selbst. Welche Wege führen zum Ziel? Welche Infrastrukturen entstehen und verwandeln das Gesicht der Konsumgesellschaft? Welche Betriebsformen liefern den Rahmen für Verbraucher und deren Kalkulationen? Welchen Wandel also haben Konsumorte durchlebt?

3

„Der Kaiser bei Wertheim" – Kaufen als Notwendigkeit und Erlebnis

Joseph Roth schildert in seinem Roman „Hiob" eine berührende Geschichte. Schemarjah Singer, Sohn des russischen Juden Mendel, wandert nach Amerika aus, um der Armut seiner Heimat zu entkommen. Dort arbeitet er sich zügig vom Schneider zum Händler empor. Aus Schemarjah wird Sam – so nennt er sich in seiner neuen Heimat – und aus einem ehemals arbeitslosen Schneider wird schnell ein erfolgreicher Warenhausbesitzer. Er lässt seine Familie in die USA nachkommen, doch Vater Mendel kann sich mit Amerika, und vor allem mit der ihn umgebenden Lebenswelt, nicht anfreunden. Mendel zieht nicht mit Sam in eines der besseren Viertel New Yorks, sondern wohnt, obwohl aus dem „armen Juden" jetzt der „Vater eines wohlhabenden Sohnes" geworden ist, weiterhin in einer kleinen Gasse, in der die Modernisierungsverlierer der neuen Welt leben: Menke, der Obsthändler, Skowronnek, der Musikalienhändler, Groschel, der Schuster – die Kleinhändler und Krämer der alten Welt, die den Sprung Schemarjahs (Sams) nicht geschafft haben. Während sein Sohn in der Moderne ankommt, bleibt Mendel ein Bewohner der alten Welt.

Amerika ist in Joseph Roths Roman ein Synonym für Erfolg, Modernität und assimilierenden Universalismus. Das Warenhaus wird zum Sprungbrett in die Moderne. Dieses Beispiel aus der Literatur zeigt die signifikanten Veränderungen einer Gesellschaft im Umbruch und die Konsequenzen einer „massenhafte[n] Herausbildung von Konsumentenlagen […]." (Prinz 1996, S. 25)

Die Eröffnung der ersten Warenhäuser markiert allgemein den Beginn der industriellen Moderne für den Bereich des Konsums. In Deutschland lautete der Wahlspruch der Warenhäuser der Louis Friedländer GmbH im Jahre 1913: „Die Masse könnt ihr nur durch Masse zwingen, ein jeder sucht sich endlich selbst was aus. Wer vieles bringt, wird manchem etwas bringen: Und jeder geht zufrieden aus dem Haus." (zit. nach Frei 1997, S. 12)

Zufrieden aus dem Haus: Treffender kann die Umstellung von Selbst- auf Fremdversorgung nicht beschrieben werden. Eine neue Infrastruktur ebnet den Weg für eine Befriedigung der wachsenden Nachfrage, die sich vor allem in den Städten artikuliert. Der Ökonom Werner Sombart beschrieb es als die „Befreiung von den Schranken der organischen Welt" (1913, S. 143), die überwunden wurden. Die ökonomische Theorie entdeckte bereits im 18. Jahrhundert den Zusammenhang von Produktion und Konsumtion. Meyers Konversations-Lexikon unterschied gegen Ende des 19. Jahrhunderts drei Formen des Konsums:

- Produktivkonsumtion: Damit ist die Umwandlung von Roh- und Hilfsstoffen in Fabrikate, aber auch die Abnutzung von Maschinen gemeint.

- Die Genusskonsumtion: Das ist die Konsumtion von Produkten (im engeren Sinne).
- Die Meinungskonsumtion: Gemeint ist die Wertminderung der Güter durch „Veraltung von Druckschriften, aus der Mode gekommene Gegenstände, Kalender nach Ablauf des Jahres" (zit. nach Wyrwa 1997: 751).

Diese Differenzierung klingt für moderne Ohren ungewöhnlich, spiegelt aber die Auseinandersetzung mit sich verändernden Märkten wider, in denen die industrielle Fertigung dominiert. Der Einzelne wird zunehmend in eine Welt wachsender Optionsspielräume entlassen. Die Vergangenheit und die sie bestimmenden Verhältnisse kehren nicht mehr zurück, Selbstverpflichtungen nehmen zu.

Die Konsumgesellschaft steht daher für ein Sozialsystem, das

- ein reichhaltiges Warenangebot für Verbraucher der meisten, wenn auch nicht aller sozialen Kategorien bereitstellt,
- über komplizierte Kommunikationssysteme verfügt, um Waren mit Bedeutung zu versehen und das Bedürfnis nach ihnen zu wecken,
- über Geschmack, Mode und Stil den Umgang mit Waren sozial regelt und einübt,
- die Freizeit gegenüber der Arbeit sowie den Konsum gegenüber der Produktion betont,
- den Konsumenten zu einer zentralen Sozialfigur avancieren lässt, ergänzt durch die eingangs hervorgehobene
- „tiefe Ambivalenz, manchmal sogar offene Feindschaft gegenüber dem Phänomen des Konsums" (Brewer 1997, S. 56).

Fernand Braudel hat in seiner Sozialgeschichte des 15. bis 18. Jahrhunderts darauf hingewiesen, dass sich die Wirtschaft auf den ersten Blick in zwei große Bereiche untergliedern lässt: den Bereich der Produktion und den Bereich des Verbrauchs. In einer Hinsicht scheinen sich die meisten Ökonomen einig zu sein: Der Verbrauch ist Ziel und Endpunkt dessen, was die Produktion immer wieder von neuem bereitstellt. In diese Richtung wies Karl Marx mit seiner Feststellung, dass eine Gesellschaft weder aufhören kann zu produzieren noch zu konsumieren, ähnlich auch Pierre-Joseph Proudhon mit dem Hinweis, dass Arbeiten und Essen wohl den einzigen auf der Hand liegenden Lebenszweck des Menschen darstellen. Zwischen diese beiden Bereiche von Produktion und Verbrauch schiebt sich allmählich die Institution des Tauschs, oder allgemeiner formuliert: die Marktwirtschaft. Je mehr Waren zirkulieren, desto höher ist auch das Tauschaufkommen. Je höher das Tauschaufkommen ist, desto arbeitsteiliger gestaltet sich die Produktion in der jeweiligen Gesellschaft. Spezialisierungen nehmen zu und – damit unausweichlich verbunden – eine Reduktion der ausschließlichen bzw. vorwiegenden Selbstversorgung. Wenn es also keine Märkte gäbe, hätten wir im Grunde genommen auch keine Wirtschaft im üblichen Sinn. Denn komplette Selbstversorgung würde bedeuten, dass man ein in Nicht-Wirtschaft eingeschlossenes Leben führen würde (vgl. Braudel 1986, S. 15 ff.).

Diese Veränderungen waren somit folgenreich. Sie bedeuteten nicht nur eine Loslösung aus Bindungen an bestehende Herrschaftsstrukturen, sondern auch die wachsende Notwendigkeit der Selbstpositionierung auf neu entstehenden Märkten. Nach britischen Vorbildern kam es Mitte des 19. Jahrhunderts in Deutschland zur Entstehung von Konsumgenossenschaften bzw. Konsumvereinen. Die Idee wurde zunächst von der Lohnarbeiterschaft und der Sozialdemokratie (insb. von Ferdinand Lassalle) abgelehnt, dies änderte sich aber, auch auf programmatischer Ebene, in den 1890er Jahren. Diese Konsumvereine arbeiteten zunächst nach folgendem Prinzip: Bedarfsdeckung statt Bedarfsweckung, Kooperation statt Konkurrenz. Eine Verallgemeinerung der Geldwirtschaft, ein Rückgang des Naturalientauschs und die konsequente Industrialisierung aller Produktionsformen führte somit zu einer deutlichen Zurückdrängung traditioneller Versorgungsformen. Da es für weite Teile der Bevölkerung immer noch einen geringen Spielraum jenseits der Deckung des Grundbedarfs gab, blieb die Verteuerung von Waren ein Topos der Sozialkritik bis in die Zeit nach dem 2. Weltkrieg hinein.

Wer ausschließlich auf die Kauf- und Warenhäuser schaut, übersieht die große Bedeutung der kleinen Konsumorte und Fachgeschäfte für die Nahversorgung und die Versorgung in der Region. „Schaufenster der Hoffnungen" (Schindelbeck 2001, S. 17) gab es viele. Aber die geographische Mobilität war häufig selbst noch ein Werbeversprechen. Fortbewegungsmittel wurden als Teil der „Daseinsberechtigung" (Schindelbeck 2001, S. 27) beworben. Vor Ort aber kannte man noch viele kleine Läden – Bäckereien, Metzgereien, Handwerksbetriebe -, die davon lebten, dass der Konsum noch nicht laufen lernte.

Die „Tempel des Konsums", aus denen später die „Kathedralen des 21. Jahrhunderts" werden sollten, wirkten dagegen wie symbolische Orte, die einen Besuch wert sind. Sakrale Elemente verstärkten diesen quasi-religiösen Faktor, und die ohnehin angenehme Kaufatmosphäre sollte durch lichtdurchdrungene Räume noch gesteigert werden. In der Summe ergab sich eine kaum vorstellbare Pracht, die letztlich lediglich dem Zweck der Verkaufsförderung diente. Aus den zahlreichen Beschreibungen dieser raumklimatischen Bedingungen und der davon ausgehenden Wohlfühlatmosphäre sei hier auf zwei Beispiele hingewiesen: In einer frühen Arbeit des späteren Reichskanzlers Gustav Stresemann wird das Schauspiel des Einkaufens anschaulich beschrieben. Gegenstand der Betrachtung sind die Kauf- und Warenhäuser, die sich seit der Mitte des 19. Jahrhunderts mehr und mehr etablieren und differenzieren. Während Stresemann auf der einen Seite die Demokratisierung des Konsums hervorhob, galt seine Kritik andererseits dem zügellosen Konsum, dessen Stimulierung er gerade den Warenhäusern ursächlich zuschrieb (vgl. Stresemann 1900) (▶ s. Box 2).

Box 2: „Wir gehen zu Wertheim"

„Schon beim Kaiser-Bazar hatte man sich daran gewöhnt, in seinen Räumen gemächlich herumzubummeln, wollte man sich ausruhen, so begab man sich in den Erfrischungsraum oder in das Lesezimmer. Inzwischen haben es die Warenhäuser sich angelegen sein lassen, immer mehr zur Bequemlichkeit ihrer Kunden zu thun, Wertheim hat in Berlin bereits eine Art Ausschank innerhalb seines Etablissements errichtet, wo man gegen Entgelt Bier, Kaffee, Chocolade, Gebäck etc. erhält. Wenn man heute in einer Familie hört: Wir gehen zu Wertheim, so heisst das nicht in erster Linie, wir brauchen irgend etwas besonders notwendig für unsere Wirtschaft, sondern man spricht wie von einem Ausfluge, den man etwa nach irgend einem schönen Orte der Umgegend macht. Man wählt sich dazu einen Nachmittag, an dem man möglichst viel Zeit hat, verabredet sich womöglich noch mit Bekannten. In der Leipzigerstrasse angekommen, bewundert man erst eine ganze Zeit lang die Schaufenster, dann ergeht man sich in den Erdgeschossräumen, sieht sich die verschiedensten Auslagen an, kauft vielleicht hier und da, lässt sich durch den Fahrstuhl nach dem ersten Stock befördern und nimmt womöglich eine Tasse Chocolade nebst dem obligaten Stück Torte oder Apfelkuchen. Hat man Bekannte gefunden oder mitgebracht, so bleibt man wohl plaudernd längere Zeit sitzen, zeigt die gegenseitigen Einkäufe und reizt sich dadurch gegenseitig zu neuen Ausgaben. Die Zeit verfliegt mit dem Be-

> trachten der verschiedensten Rayons, der Toiletten der einkaufenden Damen, der Unterhaltung und anderem, und wenn man an der Uhr plötzlich sieht, dass es höchste Zeit sei heimzukehren, so macht man oft wohl gleichzeitig die Wahrnehmung, dass man anstatt der einen Cravattenschleife, die man anfänglich kaufen wollte, mit einem ganzen Bündel der verschiedenartigsten Sachen beladen ist."
> Stresemann 1900, S. 713 f.

Das zweite Beispiel nimmt Bezug auf eine Schlagzeile, die erneut die Leipziger Straße in Berlin betrifft – „Der Kaiser bei Wertheim" –, und den Hintergrund dieser Meldung. Denn zur Faszination, die von diesen Orten ausging, gehörte auch die daran geübte Konsumkritik und der Streit um den Einfluss dieser Konsumorte auf die Geschäftswelt außerhalb dieser Einkaufsstätten. Gerade hier wurde „die andere Seite der Industrialisierung" (Ullmann 2000, S. 224) inszeniert und als Sinnbild des Konsumwandels sichtbar. Der Besuch des Kaisers fiel auf einen Sonntag. Als Anlass wurde eine Ausstellung genannt, die in den Räumlichkeiten eröffnet werden sollte. Ob am 23. Januar 1910 das Kaufhaus durch diese Ehre gesellschaftsfähig gemacht wurde oder der Anlass den Konsum in den Hintergrund treten ließ, galt daher eher als ein offenes Signal. Denn nun konnten sich Gegner und Befürworter dieser Konsumorte ihrer Lesart des Ereignisses bedienen: War es die Kunst oder waren es die Waren an diesem Ort? Weil hier eine neue Art des Einkaufens etabliert wurde, sorgten sich die kleinen Läden und der kaufmännische Mittelstand um ihre Zukunft. Der großen Konkurrenz sollte eine Warenhaussteuer abgetrotzt werden. Von einer unerwünschten Betriebsform wurde gesprochen.

Die Besonderheit dieser Orte wurde durch dezente Einlasskontrollen vermittelt, dennoch öffneten sich die meisten Häuser mehreren Gesellschaftsschichten. Auch wenn viele sich die Waren nicht zu leisten vermochten, stellte sich ein Hauch von gefühlter Beteiligung ein. Zugleich orientierten sich manche Häuser an bestimmten Schichten und/oder Berufsgruppen („Wertheim" für die gute Gesellschaft, „Jandorf" für den besseren Arbeiter). Auch das Grundprinzip der Warenhäuser war überzeugend: breites Angebot, kein Kaufzwang, feste Preise – also kein Verhandeln des angemessenen Preises. Diese Seite der Beteiligung, sich also in einem Kaleidoskop des Wohlstands nicht nur umzuschauen, wurde begleitet von sehr grundsätzlicher Kritik: Menschen eine solche Vielzahl an Produkten anzubieten, verderbe den Charakter und verhindere ein Leben in Bescheidenheit.

Die Überschrift („Der Kaiser bei Wertheim") diente unter anderem der Veranschaulichung einer glanzvollen Inszenierung der Warenwelt und der Umrahmung der Produkte mit verschwenderischer Präsentation. Wer sich mit der Geschichte und Metamorphose von Kaufhäusern und anderen Konsumorten befasst, wird in der Architektur und der Anordnung der Waren kaum den Zufall herrschen sehen. Gleiches gilt für das Auftreten des Personals. Es wird für diese „Bühnen" geschult. Ein historisches Vorbild für diesen Blick auf den Konsum und sein Umfeld liefert Émile Zolas Roman „Au Bonheur des Dames", 1882 erschienen. Sogleich machte man auch ein vermeintliches Verführungspotenzial, insbesondere bei Frauen, aus. Viele Trivialromane der damaligen Zeit beschrieben z. B. die Kleptomanie.

Die neue Welt der Konsumkathedralen mit ihren Abteilungen und Inszenierungen, mit einem komplexen „arbeitsteiligen Innenleben" (Hellmann 2023, S. 2), mit Vorder- und Hinterbühnen, gewährt Einblicke in einen Ort, der sich ein Drehbuch wünscht und schafft und allerlei Leitplanken aufzieht, damit es auch so kommen mag. Magische Momente sollen erzeugt werden, die mit den

Präferenzen und der Zeit der Konsumenten spielen. Die Magie wirkt bis in die Beschreibung der Konsumorte hinein: Retail-Theater, Consuming Scenography, Marketing-Ästhetik (Hellmann 2023, S. 6). Die Literaturwissenschaft hat diese Romangattung und die „Verhandlung des Ökonomischen" ebenfalls für sich entdeckt.

Da sich die Soziologie häufig als Stadtsoziologie präsentiert, muss auch hier auf die Gleichzeitigkeit des Ungleichzeitigen hingewiesen werden. Aber in der historischen Dimension werden die Verschiebungen auf der Makroebene sichtbar. Ein langfristiger Blick auf die Lieferstrukturen des privaten Verbrauchs verdeutlicht die Rasanz der Veränderung (▶ s. Box 3) vor allem am Verschwinden kleinerer inhabergeführter Läden, der Verlagerung von Einkaufsstätten an die Peripherie, an der Zunahme von Lieferketten, die den stationären Handel umgehen, an Preisdifferenzierungen, die den Sale- und Discountgedanken in den Vordergrund rücken.

Box 3: Handelsstrukturen: Stationen des Wandels

„Die Bibel des Wirtschaftswunders"
„Die Gründung eines der ehemals größten Versandhäuser Deutschlands geht auf das Jahr 1927 zurück. Damals entschied sich Gustav Schickedanz aus Fürth, aus seiner Großhandlung für Woll-, Web- und Kurzwaren das „Versandhaus Quelle" entstehen zu lassen. Das Unternehmen wuchs stetig. Bereits ab 1928 gab es einen Bestellkatalog. […] Quelle warb mit einem „Universalversand für jedermann": preislich bewegten sich die Artikel in einem Segment, das bewusst die untere und mittlere Einkommensklasse ansprach. Der Katalog galt als Enzyklopädie der Konsumgesellschaft, als „Bibel des Wirtschaftswunders": was hier nicht aufgeführt war, hatte am Markt keine Chance."
Driessler 2022

> Der Katalog wurde letztmals 2009/2010 gedruckt. Die Frankfurter Allgemeine Zeitung sprach von dem „letzten großen Buch des Konsums." (Giersberg 2009)
>
> *„Ein Einkaufserlebnis für jeden"*
>
> „Man kann sagen, dass es eine Verkehrung aller Prinzipien des Einzelhandelskaufmanns von früher war. Das fängt an damit: Wenn man in ein Warenhaus geht, dann sagt man nicht mehr guten Tag. Diese persönliche Bindung gibt es gar nicht. Da wurde auch nicht der Unterschied gemacht: der Herr Doktor, der Herr Direktor. Sondern es richtete sich an jeden. Es gab feste Preise. Es wurde nicht mehr verhandelt, so wie im Basar. Man bekam ein Umtauschrecht. Man hatte die Möglichkeit, die Waren erst mal anzusehen, zu begutachten, eventuell zurückzubringen, wenn sie einem doch nicht gefielen."
>
> *Podjavorsek 2020*
>
> *„Hier wohnen die kleinen Preise"*
>
> „Hier wohnen die kleinen Preise" – dieser Werbespruch kommt dem einen oder der anderen vielleicht noch bekannt vor. In den 70er-Jahren wurden die ersten Plus-Supermärkte eröffnet. Auch mit den Buchstaben des Discounter-Namens wurde damals geworben – „Prima leben und sparen".
>
> *Hartwig/Bammert 2021*

„Erst mal sehen, was …" – In einem Satzergänzungstest mögen ältere Generationen diesen Werbeslogan des Versandhandels noch vervollständigen können. Denn was in den Städten nahe war, erlebte man auf dem Land als fern. Der Versandhauskatalog diente als Schaufenster zur Welt, als Kaleidoskop des Konsums, das den Privathaushalten eine Nähe zu den Konsumgütern aus der Distanz verschaffte. Das Ende dieser Tradition markierte den Sieg einer neuen Konsummobilität und den Abschied von einem Symbol des Wirtschaftswunders. Es markierte zugleich die Krise klassischer Vertriebsformen, die sich aus der elektronischen Konkurrenz ergab.

Zuvor aber hatte sich in der Welt der Fast Moving Consumer Goods eine markante Veränderung angekündigt: die Zunahme der Selbstbedienung. Im Jahr 1957 eröffneten in Deutschland die ersten Supermärkte. Das US-amerikanische Vorbild war Teil des Wirtschaftswunders, fünf Jahre später signalisierte der erste Discountmarkt den Einstieg in ein neues Preisbewusstsein mit langfristig enormen Effekten auf den Wettbewerb und die Preisgestaltung. Vor allem die Welt des Discounts forcierte die Suche nach der Logik des Billigen. Die betörende Wirkung der Kosten sendete neue Signale zum Verhältnis von Qualität und Preis. Günstig einkaufen wurde auf der Seite der Konsumenten positiv abgerechnet. Die Welt des Discounts ist für die einen eine willkommene Alternative, weil es eben nicht anders geht. Die Discountläden als den Robin Hood des kleinen Mannes zu bezeichnen, ist also nicht ganz falsch. Die anderen bevorzugen eine Zugehörigkeit zu den hybriden Konsumenten, die eben auch anders einkaufen, aber gerne auch mal diese Gelegenheit wahrnehmen. Häufig liegen Anbieter beider Kategorien in räumlicher Nähe, sodass die Bequemlichkeit obsiegt.

Das Erfolgsmodell des Kaufhauses wiederum erlebt den Wandel der Einkaufsinfrastruktur seit geraumer Zeit als Krisenfaktor. Berichte über Rettungsideen und Zukunftskonzepte nehmen zu. Manche mussten in einer Zeit wirken, die ein denkbar ungünstiges Umfeld bescherte: Pandemie, anhaltende Kaufzurückhaltung, Zunahme existenzieller Krisen, Inflation, Energiesorgen, die Herausforderungen des Klimawandels, die Sorge um den Frieden in Europa und der Welt. Hätten mehr Events und kundenfreundliche Aktionen tatsächlich eine Wende zum Besseren herbeiführen können? Immer ist auch das jeweilige Umfeld vor Ort Teil der Herausforderung oder Chance. Jede Lücke im Erscheinungsbild der Innenstädte und Fußgängerzonen schmerzt und jeder neue Anbieter, der gewonnen werden konnte, wird als Erfolg gefeiert.

Das Kaufhaus praktizierte das Modell von (wachsender) Vielfalt und Erschwinglichkeit. Es war eine Art „Omnibus" des Konsums. Frei nach dem Motto: „Wir sind für alle da". Doch so, wie die öffentlichen Omnibuslinien darunter leiden, dass sie heute zu selten in Anspruch genommen werden, leidet auch das Kaufhaus unter der Frequenz. Man findet sie im Grundsatz zwar gar nicht schlecht, aber dieses „Wir sind für alle da" spricht nicht mehr alle an. Manche meinen, dass es im Widerspruch zu einer hochdifferenzierten Gesellschaft stehe. Es ist eben auch Teil dieser Gelegenheitsstrukturen geworden. Man hält nach allem Ausschau und ist weniger treu: sowohl in der Welt der Qualität als auch in der Welt der sogenannten Schnäppchen. Wir werden in Zukunft auf der Angebotsseite noch mehr dieser hybriden Strukturen im Sinne der Bereitstellung unterschiedlicher Vertriebskanäle registrieren. An Flughäfen, Bahnhöfen, Verkehrsknotenpunkten – also überall dort, wo Menschen die Tempogesellschaft unmittelbar erleben können – wird das Einkaufen „im Vorbeigehen" an Bedeutung gewinnen. Der klassische Point of Sale wird vielleicht das eine oder andere davon auch integrieren und immer wieder mit neuen Einkaufs- und Bezahlformen experimentieren. Angesichts der vielen Datenspuren, die dabei auf Dauer hinterlassen werden, sorgt dieses Unbehagen zumindest noch für einen Fortbestand eines datenärmeren klassischen Einkaufens, z. B. auf Märkten. Wer jetzt zu den Folgen der Insolvenz großer Kaufhaus-Ketten befragt wird, äußert ein Bedauern, dass es so kommen musste.

Kaufhäuser treten also in Konkurrenz zu spezialisierten Stores, die sich auf bestimmte Teilmärkte wie Kleidung oder Elektronik konzentrieren. Diese Märkte entstehen zunehmend auch nicht in den Innenstädten, sondern dort, wo Menschen arbeiten oder irgendwann auf dem Weg zur Arbeit oder zurück vorbeikommen. Von den Erlebniswelten des Konsums ist dort weniger zu spüren. Pragmatismus schlägt immer häufiger das emotionale Element. Schließlich spielt natürlich auch der Online-Handel eine zentrale Rolle, der durch die Pandemie nochmals an Bedeutung gewonnen hat, aber auch nicht nur Bäume kennt, die unentwegt in den Himmel wachsen. Im Ergebnis verändert sich das Bild der Innenstädte. Mehr oder weniger geglückt werden Leerstände kaschiert, schnell wechselnde Mietverträge sorgen für die Abkehr von einem einmal geschätzten Einkaufsort. Auch darin liegt ein „unwirtliches" Moment, eine Vokabel, die einmal der Kritik des Städtebaus vor mehr als 50 Jahren diente. Der heutige Konsument macht somit immer häufiger lehrreiche Erfahrungen, wenn er vermehrt beim Einkaufsbummel auch diese Lücken im Gesamtbild registrieren muss. Deshalb suchen viele Einkaufsstädte nach neuen Konzepten zur Belebung des öffentlichen Raums. Überall entwerfen Händler City-Initiativen mit kreativen Konzepten und verbünden sich mit Kunst und Gastronomie. Es soll etwas los sein, mehrere Bedürfnisse können parallel bedient werden. Stadtbelebung möge zum Konsum animieren. Der Konsum ist nicht der einzige Anlass, en passant ist man in Gesellschaft. Aber auch das funktioniert nur gelegentlich, nicht auf Dauer. Es sind so viele Orte und Anlässe, die damit auf Erfolg hoffen.

Da die Zukunft ständig vor uns liegt, mangelt es auch an Bewusstsein über die Vergangenheit. Jedenfalls waren früher die Dinge, die wir im Alltag taten – arbeiten, einkaufen, Behördengänge, Freizeit – stärker reglementiert als es heute der Fall ist. Wir suchen nach Vereinbarkeitslösungen, wo immer es geht. Smart Shopping – ob mit oder ohne Smartphone – ist daher nur ein Teil einer allgemeinen Entwicklung, die auf eine Perfektionierung von

Aufwand und Ertrag, und damit auf Zeitökonomie zielt. Aber diese Ökonomie erlaubt auch Sonderfälle, die unter dem einprägsamen Namen „Plauderkasse" bekannt wurden. Eigentlich soll es an der Kasse schnell gehen. Aber hier darf auch einmal etwas länger gesprochen werden.[1]

Natürlich hat dies alles auch etwas von Freiheit und Bequemlichkeit, es ist auch zuweilen sehr praktisch. Aber die Tatsache, dass wir es tun, hat eben auch mit zeitlichen Beschränkungen in anderen Bereichen zu tun. Der Begriff „Laufkundschaft" bekommt im digitalen Zeitalter eine neue Komponente. Klassischerweise wird in diesem Zusammenhang immer an die Gewinnung von Stammkunden gedacht. Wie also kann es gelingen, aus dem Zufall der Begegnung von Geschäft und Kunde eine Beziehung aufzubauen? Auch in der Welt des „Mobile Shopping" kann es zu Treueverhältnissen kommen, die dann stärker von Benutzerfreundlichkeit der Oberflächen und dem Design des Gesamtauftritts beeinflusst wird.

---

[1] Auf tagesschau.de lautete 2024 eine Meldung: „Ruhig getratscht statt schnell gescannt."

4

„Snob Appeal" – Die Konsumgesellschaft und ihre „Kaufetagen"

Der Konsum integriert und er spaltet. Die Teilhabe an den Segnungen der modernen Gesellschaft gilt vielen als Ausdruck von Erfolg, als Prämie der Leistungsgesellschaft. Symbole des Wohlstands wandeln sich: Kühlschrank und Fernsehapparat, HiFi-Anlage und Videorecorder, Smartphone und Smart Home. Diese Integration aber geht nicht mit Gleichheit einher. Immer wieder stößt man auf den Befund, dass Gemeinsamkeiten und Unterschiede zwar auf den ersten Blick einen Widerspruch markieren, für die Konsumgesellschaft aber ein typisches Muster darstellen.

Mehr als 30 Jahre liegt es zurück, dass ein Konsumforscher im Kaufen den für viele Menschen einzigen Bereich sah, „in dem sie noch das Gefühl haben, frei entscheiden zu können." (N.N. 1993, S. 26) Die Vorstellung, über Kaufkraft die eigenen Präferenzen auf Märkten gegen Güter oder Dienstleistungen auszutauschen, vermittelt offenbar das Gefühl, ein Teilgestalter der eigenen und der ökonomischen Entwicklung zu sein. Diese Konsumentensouveränität steht für ein sehr positives und unabhängiges Bild des Verbrauchers. Das Marktverhalten von Konsumenten wird sehr isoliert betrachtet und als entscheidender Indikator die artikulierten Bedürfnisse bzw. die beobachtete Nachfrage herangezogen. Je stärker diese Konsumentensouveränität das reelle Verhalten der Konsumenten bestimmt, desto mehr ist von einem Käufermarkt zu sprechen, in dem nicht mehr die Anbieter einen maßgeblichen Anteil an der Schaffung und Verstärkung von Bedürfnissen haben, sondern die Käufer selbst eine Verbrauchermacht konstituieren. Der Vorwurf des Konsumzwangs kehrt sich um in einen „Anbieteraktivismus", dessen Erfolg vom Wohlwollen der Konsumenten abhängt. Als Gerhard Schulze den „König Kunde" charakterisieren sollte, beschrieb er zwei Möglichkeiten: „Er kann sein Zepter dem Hofnarren übergeben oder seine Rolle annehmen. Dieser Dualismus beschreibt den Markt der Zukunft." (1995, S. 372) Mit anderen Worten: Wer nicht weiß, was er gerne möchte, dem wird es unverbindlich mitgeteilt: Entlastung von Unsicherheit und aktive Konsumenten haben in dieser Gegenüberstellung eine wichtige Funktion.

Dennoch steht heute außer Zweifel, dass zu diesem Gefühl auch die Grenzen des Machbaren gehören und jeder Konsument den Tellerrand des eigenen Aktionsradius kennt. Jedenfalls horchen Marketing-Fachleute auf, wenn von Befunden zur soziodemographischen Differenzierung der Verbraucherschaft gesprochen wird. So auch in den 1940er Jahren, als Lloyd Warner seine Analysen zur sozialen Schichtung in den USA vorlegte. Jede Klasse, so Warner, zeige ein gleichförmiges Verhalten auf, das man gut vorhersagen könne. Warners Klassenmodell, das insgesamt sechs Klassen unterschied, beschrieb nicht nur die Struktur einer Gesellschaft, sondern auch damit korrespondierende Märkte, die sich durch unterschiedliche Kaufgewohnheiten auszeichnen. Für die oberen drei Klassen, die zum damaligen Zeitpunkt etwa 15 % der Gesamtbevölkerung vereinten, wird beispielsweise von einem Qualitätsmarkt gesprochen. Die mittleren Klassen, die nahezu 65 % der Bevölkerung repräsentierten, interessierten die Wirtschaft am meisten, weil man hier die größte Kaufkraft vermutete. In der Mitte der Gesellschaft ist Mrs. Middle Majority zuhause. In den 50er Jahren ging die amerikanische Verbraucherforschung davon aus, dass ca. 80 % der Familieneinkäufe im Wesentlichen von der Frau kontrolliert oder zumindest in wesentlichen Anteilen mitbestimmt werden. Der Haushalt war ihre Welt, dort geht es um die Realisierung eines verantwortungsvollen und wohlanständigen Lebens. Infolgedessen war es auch ein primäres Ziel der Werbung, diesen emotionalen Faktor zu unterstützen und durch entsprechende Testimonials „Herzlichkeit" ins Haus zu bringen. Der Lebensstil von Mrs. Middle Majority beschreibt zugleich einen wünschenswerten Standard, der als Ausdruck eines persönlichen Erfolgs gewertet werden soll. Der Lebensstil der oberen Klassen dient diesen mittleren Klassen als Vorbild.

Theodor Geiger hat in seiner Analyse der Reklame auf das Geltungsbedürfnis des Verbrauchers hingewiesen, dem in wirkungsvoller Weise durch einen „suggestiven Springbrunnen und Feuerwerke" entsprochen wird (Geiger 1987 [zuerst 1943], S. 488). Beispiele sind:

- Werbung für billige Schokolade wird von einem Kavalier im Frack präsentiert.
- Eine Illustrierte, die ihre Zielgruppe in der Mittelschicht findet, wirbt für elegante Herrenanzüge, um damit dem Kunden einen Gentleman-Status zu verleihen.

- Das Bild und die Unterschrift einer Society-Schönheit sorgen dafür, dass der durchschnittliche Konsument darin ein geborgtes Prestige erkennt.

Geiger sieht hier insbesondere die Faszination eines Snob-Appeals am Werk, der für imposante Trickle down-Effekte sorgen kann: „Gelingt es erst einmal, eine neue Ware bei den tonangebenden 10 % der Bevölkerung einzuführen, so kann man sie später mit Hilfe des Snob-Appeals an Millionen verkaufen." (Geiger 1987 [zuerst 1943], S. 489) Bereits im Jahr 1887 brachte ein Werbeslogan des großen Kaufhauses Macy's dieses Prinzip auf den Punkt: „Goods suitable for the millionaire, at prices in reach for the millions."

Trickle down: Dieses Phänomen steht für eine nach wie vor populäre Vorstellung. Wer nach dem Guten und Begehrten sucht, der muss in der gesellschaftlichen Stufenleiter nach oben schauen. Das Geltungsbedürfnis des Verbrauchers mündet in einen Wertschätzungswettbewerb, der immer neue Blüten treibt. Ursprünglich galt als dominante Trägerschicht die müßige Klasse, die mit demonstrativem Konsum und demonstrativem Müßiggang Maßstäbe für Exklusivität setzte. Aber dieses Muster verharrte nicht in den oberen Klassen. Es löste vielfältige Formen der Imitation aus. Behaglichkeit und Komfort erhielten viele Gesichter. Auch die Kopie des Originals konnte begeistern. Markant die Beobachtung von Thorstein Veblen, dem wir eine umfassende Analyse dieses Konsumphänomens verdanken: „Keine Klasse, nicht einmal die allerärmste, versagt sich jeglichen demonstrativen Verbrauch. Die letzten dieser Güter werden nur unter dem Druck äußerster Not aufgegeben. Unglaubliches Elend und unsagbare Entbehrungen werden erlitten, bevor der letzte Schmuck, der letzte Schein der Wohlanständigkeit weggegeben wird." (Veblen 1981 [zuerst 1899], S. 73)

Der sich ausbreitende Massenkonsum bietet genügend Raum für Differenzierung (▶ s. Box 4). Hierarchie-Modelle spiegeln sowohl den Faktor Kaufkraft wider, aber auch unterschiedliche Interessensspektren und Geschmackspräferenzen. Ebenso differenziert ist die Ansprache dieser Märkte. Mal wird auf die Kriterien einer „leisure class" Bezug genommen, mal auf Kriterien einer Leistungsgesellschaft, dann wieder auf praktische und ganz nützliche Dinge. Von einem Determinismus der sozialen Herkunft auf die Konsumentscheidungen und Konsumgewohnheiten kann aber nicht die Rede sein. Eine gute Vorhersage ist wahrscheinlich, wenn es sich um Produkte bzw. Dienstleistungen handelt, denen ein symbolischer Wert zugeschrieben wird: Ausstattungsgegenstände, Kleidung, Schmuck, Urlaub, bestimmte kulturelle Aktivitäten, oder auch das Auto. In der Regel handelt es sich dabei also um Produkte, bei denen der Preis eine signifikante Rolle spielt. Wenn es dagegen um Produkte mit niedrigem bzw. moderatem oder mittlerem Preis geht, sind die Auswirkungen der Schichtzugehörigkeit nicht mehr in einem Maße beobachtbar, das eindeutige Ursache-Wirkungs-Beziehungen zuließe. Dies liegt nicht nur daran, dass sich viele Menschen diese Produkte leisten können, sondern auch an Formen der oberflächlichen Individualisierung der Produktpalette. Nach außen wird eine Differenzierung signalisiert, die aber jeweils mit geringem Aufwand erreichbar ist.

Box 4: Die nivellierte Mittelstandsgesellschaft

Eine markante Beobachtung des sozialen Wandels nach dem 2. Weltkrieg ist in dem Begriff „nivellierte Mittelstandsgesellschaft" gebündelt, der in den 1950er Jahren von dem Soziologen Helmut Schelsky verwandt wurde. Er steht paradigmatisch für die Vorstellung einer Angleichung der Lebensbedingungen und Lebenschancen durch kollektive soziale Auf- und Abstiegsprozesse in der Nachkriegsgesellschaft Deutschlands.[1] Auszüge aus der Analyse:

„In der deutschen Gesellschaft der letzten zwei Generationen sind umfangreiche soziale Aufstiegs- und Abstiegsprozesse vor sich gegangen: zunächst bildet der kollektive Aufstieg der Industriearbeiterschaft und der mehr individuell, im ganzen aber ebenfalls schichtbildend vor sich gehende Aufstieg der technischen und Verwaltungs-Angestellten in den neuen Mittelstand die breite Aufstiegsmobilität der industriell-bürokratischen Gesellschaft. Mit diesen Aufstiegsprozessen kreuzen sich in etwas jüngerer Zeit breite soziale Abstiegs- und Deklassierungsprozesse, die im Ersten Weltkrieg begannen, in den Jahren nach 1945 in den Heimatvertreibungen, politisch bedingten Deklassierungen usw. bisher kulminierten und besonders die Schichten des ehemaligen Besitz- und Bildungsbürgertum betroffen haben. Das Zusammenwirken dieser sich begegnenden Richtungen sozialer Mobilität führt zunächst zu einer außerordentlichen Steigerung der sozialen Mobilität an sich, darüber hinaus aber vor allem zu einem relativen Abbau der Klassengegensätze, einer Entdifferenzierung der alten, noch ständisch geprägten Berufsgruppen und damit zu einer sozialen Nivellierung in einer verhältnismäßig einheitlichen Gesellschaftsschicht, die ebenso wenig proletarisch wie bürgerlich ist, d. h. durch den Verlust der Klassenspannung und sozialen Hierarchie gekennzeichnet wird. [...]

Der Nivellierung des realen wirtschaftlichen und politischen Status folgt weitgehend eine Vereinheitlichung der sozialen und kulturellen Verhaltensformen in einem Lebenszuschnitt, den man, gemessen an der alten Schichtenstufung, in der »unteren Mitte« lokalisieren und daher als kleinbürgerlich-mittelständisch bezeichnen könnte. Dieser verhältnismäßig einheitliche Lebensstil der nivellierten Mittelstandsgesellschaft wird keineswegs mehr von der Substanz einer sozial irgendwie hierarchisch gegliederten oder geschichteten Gesellschaftsverfassung geprägt, sondern diese »mittelständische« Lebensform erfüllt sich darin,

---

[1] Eine umfassende Auseinandersetzung mit dieser Diagnose hat unter anderem Hans Braun im Archiv für Sozialgeschichte (1989) vorgelegt.

> einheitlich an den materiellen und geistigen Gütern des Zivilisationskomfort teilzunehmen. Der universale Konsum der industriellen und publizistischen Massenproduktionen sorgt auf der materiellen und geistigen Ebene dafür, daß fast jedermann seinen Fähigkeiten angemessen das Gefühl entwickeln kann, nicht mehr ganz »unten« zu sein, sondern an der Fülle und dem Luxus des Daseins schon teilhaben zu können. In diesem Sinne liegt in der industriellen Massenproduktion von Konsum-, Komfort- und Unterhaltungsgütern, deren sich auch die ehemals oberen, bürgerlichen Schichten heute schon voll bedienen, die wirksamsten Überwindung des Klassenzustandes der industriellen Gesellschaft selbst begründet, allerding auch ihre Uniformierung in Lebensstil und sozialen Bedürfnissen."
> *Schelsky 1965, S. 332 f.*

Aber auch auf diesem Gebiet begegnet uns die Ambivalenz. Sie hat sich insbesondere an der Permanenz des Phänomens und dem Aufkommen immer neuer Spielarten dieses Wettbewerbs festgemacht. Am deutlichsten schlägt sich dies nieder, wenn es um Produkte oder Dienstleistungen geht, deren Preis die Einstufung als Luxusgut nach sich zieht. Wenn es um die Verschwendung von Gütern geht, steht ein tiefes Unbehagen zum Verhältnis von Aufwand und Ertrag im Mittelpunkt (quantitative Dimension), geht es um die Verwendung von qualitativ Hochwertigem, ist es die Angemessenheit der Kosten. Verschwendung wäre dann immer auch Luxus, Luxus aber nicht zwingend Verschwendung. Kurt Tucholsky beschrieb 1927 in seinem Gedicht „Das Ideal", wie sich Maßlosigkeit zur Geltung bringt. Hier ein kurzer Auszug:

> „Ja, das möchste: […]
> Im Stall: Zwei Ponys, vier Vollbluthengste,
> acht Autos, Motorrad – alles lenkste
> natürlich selber – das wär' ja gelacht!
> Und zwischendurch gehst du auf Hochwildjagd."

Diese Gemengelage, von ausufernden Ansprüchen begleitet, hat der Luxuskritik immer neuen Nährboden verschafft. Von einem einheitlichen Phänomen lässt sich ohnehin nicht sprechen, weil, trotz Unerreichbarkeit für viele, der Markt auch hier von Differenzierungen lebt. Zumindest werden die Stimmen laut, wenn das Attribut der Besonderheit mit Waren von der Stange zusammenkommt. Als Widersacher der Gleichheit wurde Luxus stets apostrophiert. Ein Blick auf die Gesellschaftsschicht, die sich hier zuhause zu fühlen glaubt, offenbart viele Konsumstile, die von Tradition, Manufakturbewusstsein und technischem Perfektionsdrang bis hin zu offensivem Statusstreben und ausschweifenden Lebensstilen reicht. Im Grundsatz mag Exklusivität stets Pate stehen, aber in der Praxis streben alle nach Unverwechselbarkeit. Das gilt auch für Spielarten einer „New Luxury", die stärker auf Verantwortungsbewusstsein und Nachhaltigkeit setzen. Ein wirklicher Abschied vom Extravaganten und Besonderen ist es nicht (siehe auch Kap. 8).

Denn auch hier findet der Snob Appeal eine Spielwiese. Die Suche der breiten Masse nach dem exklusiven Luxus, gepaart mit billiger werdenden Gütern, hat dazu geführt, dass der Begriff des Luxus an Exklusivität verlor. Luxus und Exklusivität seien, so Enzensberger vor fast 30 Jahren, heute an jeder Straßenecke zu finden: „Duty Free Shop und Shopping Mall heißen die Leichenschauhäuser des Luxus. […] Die Überschwemmung durch das Immergleiche tritt mit der Behauptung auf, sie vertrete das Exklusive, und die Beliebigkeit drängt sich mit dem albernen Anspruch vor, es handele sich um ein ‚Must'." (Enzensberger 1996, S. 116) Das Paradox könnte nicht deutlicher formuliert werden: Die Luxusindustrie schafft sich selbst eine (zusätzliche) Massenbasis.

Jede Öffnung dieser Art löst Reaktionen im Kernsegment aus. Die Teilhabe am Luxusmarkt löst neue Prozesse aus, weil die Besonderheit bestimmter Produktkategorien und Dienstleistungen in zeitlicher Hinsicht einer Entwertung unterliegt. Jede Sorge um Wertminderung macht erfinderisch. Luxus als soziales Phänomen hat sich damit also nicht überlebt. Enzensbergers Antwort lautete damals: „Der Luxus der Zukunft verabschiedet sich vom Überflüssigen und strebt nach dem Notwendigen." (Enzensberger 1996, S. 117) Diese Umkehrung hat dennoch wenig mit einer Abkehr von Distinktionsstrategien gemein. Für den neuen Luxus standen nach Enzensberger Zeit, Aufmerksamkeit, Raum, Ruhe, Umwelt und Sicherheit – zumindest zeigen sich an diesen Beispielen signifikante Verlagerungen der Zurschaustellung von Reichtum. Ein von Hektik und Störungen weitgehend freies Leben könnte dazugehören; das Bedürfnis nach Raum, das den Luxus nicht in Form von Waren in Hülle und Fülle dokumentiert, sondern die Besonderheit eines Zimmers durch minimalistisches Design dokumentiert; die Sicherheit, die sich in zahlreichen Investitionen zum Schutze der Privatheit niederschlagen kann und schließlich auch die Zeit, die er als eines der wichtigsten aller Luxusgüter bezeichnete. Wenn der Alltag von Zeitknappheit bestimmt ist, bleibt für die Belohnungen eines arbeitsreichen Tages wenig Gelegenheit. Symptomatisch ist daher, dass dem Begriff „conspicuous consumption" (demonstrativer Konsum) der Begriff „inconspicuous consumption" gegenübergestellt wurde. Sullivan und Gershuny (2004), auf die dieser Gedanke zurückgeht, stellten sich die Frage: Wie kann es sein, dass Konsumausgaben in einer Wirtschaft konstant bleiben, wenn diejenigen, die am meisten verdienen, am wenigsten (Frei-)Zeit haben, um das verdiente Geld auszugeben? Das kann zur Anhäufung von Gütern führen, die niemals wirklich in Gebrauch kommen und somit – sofern sichtbar – nahezu ausschließlich zur Schau gestellt werden. Es kann aber auch zu neuen Formen des stellvertretenden Konsums oder Müßiggangs führen. Wer zur Wahrung von Ruhe erheblich in Dienstpersonal zum Zwecke der Abschottung von einer neugierigen Öffentlichkeit investiert, trägt damit zum Wachstum einer neuen sozialen Klasse bei. In einem Interview mit dem Soziologen Ralf Dahrendorf (1929–2009) fiel unter anderem folgender Kommentar: „Wenn von Managermillionen die Rede ist: Warum fragt eigentlich niemand, was mit diesem Geld geschieht? Denn es liegt ja nicht unter irgendwelchen Matratzen herum. Die Millionen beschäftigen Menschen. Ob Manager Gemälde kaufen oder eine Yacht auf dem Mittelmeer haben, deren Besatzung permanent drauf wartet, dass der Besitzer kommt und drei Tage rumschippert: Das Geld arbeitet. Die Beschäftigten der Superreichen sind übrigens ein interessantes Thema für jede Klassenanalyse. Was sind das für Menschen, wie denken Sie? Wo stehen sie eigentlich innerhalb der sich neu formierenden Gesellschaftsstrukturen?" (2008) Diese Fragen bestätigen eine Beobachtung des kanadischen Ökonomen John Kenneth Galbraith, wonach die Reichen „am stärksten wahrgenommen würden und am wenigsten erforscht seien" (zit. nach Frank 2009, S. 13).

Jedenfalls spiegelt sich hier eine Demokratisierung des Konsums wider, die eine besondere Ausprägung von „Teilhabe am Wohlstand" darstellt. Wer dem Luxus das Notwendige gegenüberstellt, darf aus diesem Vergleich nicht auf eine Dominanz der defensiven Güter schließen. Bereits an der Wende vom 18. zum 19. Jahrhundert markierte die Rede von einem romantischen Konsum das Bedürfnis nach Komfort. Für Max Weber spiegelte sich in den Erwartungen an die Qualität von Produkten ein auch ethisch gerechtfertigter Anspruch an die eigene Lebensführung, gepaart mit Bequemlichkeit und Sauberkeit. Dieser statusvermittelnde Konsum wurde nicht mit Verschwendung gleichgesetzt. Damit bestätigt der Konsum seine Vermittlung von ungleichen Lebensverhältnissen. Konsumkritik wird dann laut, wenn sich Gesellschaften in einer ökonomischen Krise befinden. Daher nimmt die Einstufung von Luxus als eine verwerfliche Form des Konsums insbesondere dann zu, wenn die Teilhabe am Wohlstand für wachsende Teile der Bevölkerung nicht gegeben ist. Dieser Zusammenhang baut auf dem jeweils vorhandenen Lebensstandard auf.

Wer also beim Konsum wählen will, sieht darin immer eine große Freiheit und Unabhängigkeit. Erstaunen mag daher die folgende Faustregel auslösen: „In der Ökonomie lernt man, wie man wählen *muß,* und in der Soziologie, dass man gar nichts zu wählen *hat.*" (Wiesenthal 1987, S. 13) Hinter dieser Regel steht die Beobachtung, dass Menschen nicht nur unterschiedlich sind, sondern auch Ähnlichkeiten aufweisen. Massenkonsum steht für die Öffnung von Märkten; wachsende Teile der Bevölkerung werden in die Lage versetzt oder erreichen aus eigener Kraft, auf diesen Märkten eine Rolle einzunehmen oder zu spielen. Aber so wie der Markt nicht ständig auf die Signale der Verbraucher, also auf eine Vermittlung von Bedürfnislagen, wartet, so ist der Verbraucher in seiner Individualität auch mehr oder weniger Spiegel seiner sozialen Umwelt, die ihm als Vorbild, Maßstab oder Ansporn, anders sein zu wollen, erscheint. Wer von Sozialisation, sozialer Herkunft oder Milieuzugehörigkeit spricht, will damit sagen, dass in nicht jeder, aber in vielen Entscheidungen des Alltags nicht nur die individuelle Präferenz sichtbar wird, sondern auch ein „nicht gewähltes Prinzip aller Wahlen." (Bohn und Hahn 2000, S. 258) Das Faszinosum der Individualisierung ist somit eine Art Eigenleistung trotz eines vorhandenen Rahmens.

5

„Mode bleibt Mode" – Wandel und Stabilität auf Konsummärkten

Der vorhandene Rahmen: Die Zunahme der Fremdversorgung ist ein Ergebnis von Arbeitsteilung und Spezialisierung. Man denke nur an die wachsende Zahl von Produkten, das Tempo des Warenaustauschs, an Innovationszyklen. Als der Philosoph Kierkegaard bereits im 19. Jahrhundert von der „Wechsel-Wirtschaft" sprach, war er sich der Mehrfachbedeutung des Begriffs bewusst und formulierte unter Anspielung auf die Landwirtschaft: Sie „ […] bestehe darin, daß man immer wieder den Boden wechselt." (1960 [zuerst 1843], S. 338) Pate stand hier die Bekämpfung von Langeweile. Abwechslung wird zu einem Prinzip. In der Gestaltung dieses Wechsels überlassen die Anbieter nichts dem Zufall. Wer beispielsweise über die Farben der Kleidermode (▶ s. Box 5) zu entscheiden hat, lässt sich das aktuelle Farbenspektrum statistisch aufbereiten, ebenso die Vorgeschichte der aktuellen Marktlage. Viele Entscheidungen trifft der Konsument also nicht selbst. Er findet auf allen Teilmärkten bereits Ergebnisse vor, die vorab viele „Laufstege" passiert haben. Neue Produkte werden getestet, sorgsam gestaltete Experimente sollen Aufschluss über die wahrscheinliche Akzeptanz in verschiedenen Zielgruppen vermitteln, Testimonials sollen neugierig machen, alles hat eine „Timeline". Marketing-Instrumente greifen ineinander und sorgen für Überraschungen dort, wo sie nicht explizit erwartet werden.

> **Box 5: „Alles auf Buttergelb"**
> Wie gelangen Farben auf den Laufsteg? Und wie kommen sie von dort in die Kaufhäuser und Filialen?
> „Seine Kollegen aus der Farbabteilung haben [die harten Fakten] zusammengetragen. In jeder Saison erheben sie, wie hoch der Anteil einzelner Farben in den Schauen ist, ob eine Farbe im Laufe der Zeit öfter oder seltener erscheint, in welchen Nuancen sie zu sehen ist, ob sie eher Akzente setzt oder im Zentrum einer Kollektion steht.
> [...] schließlich wurde es zum dominierenden Gelbton auf den Laufstegen.
> Von dort ist der Weg in die Filialen großer Ketten vorgezeichnet. Das weiß das Kinopublikum, seit Meryl Streep in „Der Teufel trägt Prada" als Chefredakteurin eines Modemagazins ihrer neuen Assistentin einen Vortrag über Himmelblau hielt: Von der Herausbildung des Farbtons über dessen immer häufigeres Auftauchen in Modenschauen bis zur „Freizeitmode"-Abteilung im Kaufhaus skizziert sie in dem Film aus dem Jahr 2006 ebenjenen Weg, den nun, im wahren Leben, Buttergelb geht. Bisweilen ist der Ton so zart, dass er im Neonlicht mancher Geschäfte fast wie helles Beige anmutet – aber eben nur fast. Denn selbst ein noch so sanfter Hauch Gelb sorgt für mehr Wärme, Lebendigkeit und Fröhlichkeit."
> *Pfannkuch 2024, S. 14*

Immer geht es also darum, in welche Richtung sich die Märkte bewegen. Es wird auch hier kalkuliert, berechnet und überlegt, was den jeweiligen Konsumentengruppen zugemutet werden darf. Diese wiederum schauen auf sich selbst und ihr Umfeld, bevor sie die Gewissheit haben, dass etwas gefällt. Die sozialen Mechanismen, die hier am Werk sind, spiegeln ein Wechselspiel von Vorreitern und Orientierungsbedürftigen.

Mode gilt als Synonym für Kurzlebigkeit und schnellen Wandel. Dies gilt insbesondere, wenn von Kleidung, Schmuck, Kosmetik usw. die Rede ist. Kleidung darf dabei besonders hervorgehoben werden, weil sie unzweifelhaft im Zentrum des Interesses steht. Mode bedeutet Ausbreitung und Vergänglichkeit, sie nimmt Bezug auf den aktuellen Zeitgeschmack. So betonen bereits die Gebrüder Grimm in ihrem Deutschen Wörterbuch: „[…] mode erweitert seine bedeutung aber bald auch auf den augenblicklichen zeitgeschmack im benehmen und thun der gesellschaft: mode als ‚die gewöhnliche und gebräuchliche Manier in kleidungen, meublen, kutschen und zimmern, gebäuden, manufacturen, schreib- und redarten, complimenten, ceremonien und anderem gepränge, gastereien und übrigen lebensarten' […]." (1885, Sp. 2436) Der Begriff erfasst viele kulturelle Bereiche.

Für Modeprodukte ist charakteristisch, dass ihre Lebenszeit begrenzt ist. Modisch meint daher auch: mit der Zeit gehen und die Bereitschaft zur Abwechslung signalisieren. Ein konstantes Merkmal des Modeprozesses ist also die Institutionalisierung des Wandels; ein Wandel, der sich in der Neuschöpfung oder Veränderung bereits vorhandener Produkte niederschlägt.

Etymologisch betrachtet leitet sich der Begriff von dem lateinischen Wort „modus" (gleich Art und Weise, Sitte, Brauch) her. Die Bezeichnung setzt sich etwa ab dem 17. Jahrhundert von den höfischen Zentren Frankreichs ausgehend auch in Deutschland durch und wird zunächst zur Beschreibung des sich wandelnden Geschmacks und der verschiedenen Erscheinungsbilder von Kleidung, Schuhen, Haarpracht, Kopfbedeckung und Schminke verwendet. Der Geltungsbereich des Begriffs wurde sukzessive ausgeweitet, sodass heute auch verschiedene musikalische Stilrichtungen, neue Freizeitentwicklungen, aber auch politische Einstellungen mit dem Begriff Mode zumindest umschrieben werden. Häufig ist dann auch von modischen „Strömungen" die Rede; wer also über Moden spricht, verweist gleichzeitig auf einen zeitlichen Aspekt. Mode meint als Allgemeinbegriff einen Komplex zeitweise gültiger Kulturformen. Es handelt sich um Interessen, die langsam entstehen und wachsen und eine Zeitlang Beliebtheit genießen, danach zwar nicht wirklich absterben, aber in Vergessenheit geraten. Der Gegensatz zu Mode wäre in diesem Sinne mit „zeitlos" zu umschreiben.

Während seines ersten Besuchs in den USA, so Jürgen Neffe in seiner Biographie über Albert Einstein, registrierte der Physiker gemeinsam mit seiner Frau das große Interesse der New Yorker Bevölkerung. Als sie im Waldorf Astoria von Journalisten belagert wurden, stellte Einstein fest: „Die New Yorker Frauen wollen jedes Jahr einen neuen Stil. Dieses Jahr ist Relativität die Mode." (2006, S. 398) Einstein beschrieb damit Konjunkturen, die offenbar unabhängig von Raum und Zeit Gültigkeit besitzen. Das Außergewöhnliche kann nie ein Massenphänomen sein, es ist und bleibt das Privileg weniger, die darüber zu öffentlichen Persönlichkeiten werden. Die Nachahmung hingegen sorgt dafür, dass Aufmerksamkeit in eine bestimmte Richtung gelenkt wird und einen Trend von begrenzter Dauer begründet. Jeder für sich mag das Gefühl einer eigenen, individuellen Beziehung zu Personen und/oder Objekten entfalten. In der Summe aber, wenn es viele Individuen zugleich empfinden, bringt es dennoch Hitparaden und Bestsellerlisten und andere Popularitätsrankings hervor.

Orientierung an anderen ist in der Konsumwelt also ein häufig zu beobachtendes Phänomen. Neben die Signale, die von der Werbung und den Konsumorten selbst ausgehen, tritt, was andere über Produkte und Dienstleistungen preisgeben. Seit einer Zunahme der Vernetzung nehmen Ratschläge zu, von Experten und Laien, die Einflusskaskaden in Gang setzen. Die Diffusionsforschung hat zwischenzeitlich hinreichend belegt, dass im Falle der Übernahme von Innovationen sowohl sachliche als auch soziale Aspekte eine Rolle spielen. Ratschläge Dritter werden dann gesucht, wenn die Ungewissheit, die mit einer bestimmten Entscheidung verbunden ist, auf der Ebene formeller Informationsquellen nicht angemessen reduziert werden kann. Meinungsführerschaft wird also dann eintreten, wenn die Verhaltensunsicherheit groß ist und Individuen nach Orientierungshilfe suchen, um Risiken zu minimieren. Gerade dann aber spielen insbesondere die sogenannten Konsum-Pioniere, die man auch als „wagnishafte Neuerer" bezeichnet, eine große Rolle. Sie übernehmen im Grunde genommen höhere Innovationskosten als jene, die eine Innovation später übernehmen. Auch hier wird ein individualistischer Mechanismus beschrieben, der weitergehende Prozesse in Gang setzt.

Mode ist damit das Synonym für ein soziales Urphänomen. Der Soziologe René König (1903–1992) sah darin den Motor des Wandels der Konsumgesellschaft. Warum auch hier ein vermeintlicher Widerspruch dafür sorgt, dass sich die Vorgänge von Identifikation und Abgrenzung wiederholen, hat Georg Simmel anschaulich beschrieben. Sie gibt den Menschen die Freiheit der frühen oder späten Entscheidung, sie lässt Platz für den Individualisten, den Experimentierer, den Extravertierten, den Anti-Konventionalisten, aber auch für den Anlehnungsbedürftigen, den Unsicheren, den Anpassungsbereiten. Diese soziale Erscheinung „genügt einerseits dem Bedürfnis nach sozialer Anlehnung, insofern sie Nachahmung ist; sie führt den einzelnen auf der Bahn, die alle gehen; andererseits aber befriedigt sie auch das Unterschiedsbedürfnis, die Tendenz auf Differenzierung, Abwechslung, Sichabheben, und zwar sowohl durch den Wechsel ihrer Inhalte, der der Mode von heute ein individuelles Gepräge gegenüber der von gestern und morgen gibt, wie durch den Umstand, daß Moden immer Klassenmoden sind, daß die Moden der höheren Schicht sich von denen der tieferen unterscheiden und in dem Augenblick verlassen werden, in dem diese letzteren sie sich aneignen."(Simmel 1992 [zuerst 1895], S. 107)

Das Bedürfnis nach Neuem und die Differenzwahrung einer stilbewussten Avantgarde erweisen sich als Triebfeder einer Gesellschaft, der auf diese Weise die Langeweile, zumindest äußerlich, genommen wird. Selbst Anti-Moden, wie sie beispielsweise von Jugendkulturen als Gegenentwurf zu dominanten Lebensstilen entworfen wurden, können sich auf Dauer diesem Prozess, gleichwohl mit anderen Oppositionen, nicht entziehen. Diese sind generell meist mehr als singuläre Empfehlungen, sondern fordern konsequent die Bindung des Handelns an Programme, die einer bestimmten Lebensphilosophie folgen. Wer sich beispielsweise dem Punk verschreibt, soll durch sein Aussehen und Auftreten nicht nur provozieren, sondern etwa auch für Konsumstile stehen, die fern jeglicher Konvention sind: Geeint im „Gegen etwas sein".

Die Macht der Zeichen wählt somit mal den sanften Weg (Farben), mal die aufdringliche Provokation. Jedes Zeichen vermittelt Informationen. Aber nicht jeder Konsument nimmt sich beim Tragen von Kleidung als Sender wahr. Die Relevanz von Kleidungsstücken und Accessoires lebt gleichwohl von Zuschreibungen entsprechender Bedeutungen. Diese Informationen gehen über die materiellen Eigenschaften von Kleidern hinaus und generieren einen Zusatznutzen, der strategisch eingesetzt werden kann. So zumindest gestaltet sich die Funktionsweise von

Mode, insbesondere dann, wenn man bestimmte Trägerschichten näher analysiert. Wenn Barthes von einer Rhetorik der Mode spricht, ruft er gleichsam zu einer Deutung dieser Zeichenwelt auf, die ihm als „Traum von Identität und vom Spiel" (Barthes 1985, S. 261) erscheint. Eine Teilhabe an diesem strategischen Puzzle bleibt nicht ohne semantische Unbestimmtheiten. Sie liegen in der Natur der Sache begründet und sind zugleich Ausdruck einer spezifischen Kompetenz. Im übertragenen Sinne könnte man auch sagen: Es gibt Personen, die mehr oder weniger gut aus diesen Botschaften lesen können. So ermöglicht alleine eine Hierarchie dieses Wissens unterschiedliche Platzierungen innerhalb von Modegruppen. In diesem Spezialwissen realisiert sich ein Leistungsprinzip ganz eigener Art. Innerhalb der jeweiligen Mode-Gemeinschaft kann es Statuszuweisungsfunktionen übernehmen.

Mode wird dann zu einem Stil, wenn sie von einem Modeträger in stimmiger und konsequenter Weise eingesetzt wird. Das Gesamtbild der wahrnehmbaren Elemente vermittelt nach innen und außen einen gemeinten Sinn. Die Inszenierung erfolgt, um beobachtet zu werden, zugleich aber auch, um damit ein Produkt der Interpretation für andere bereit zu stellen. Während für viele Bereiche der Mode dieses stilbildende Element insbesondere eine Frage der Ästhetik ist, wird dieses Phänomen in anderen soziokulturellen Kontexten mit einer Vielzahl von Bedeutungselementen verknüpft. Die alltäglich beobachtbare Mode, also die Kleidung einer Vielzahl von Menschen, löst in der Regel keine langen Interpretations- und Deutungsketten aus. Attribute wie schick, elegant, dezent, originell, passend etc. verdeutlichen ein weites Feld herkömmlicher Modebeurteilung.

Wenn es dagegen um die Beurteilung von Moderichtungen geht, die nicht nur den ästhetischen, sondern auch den sozialen bzw. politischen Kontext thematisieren, werden die Interpretationen vielfältiger und schwieriger. Wenn beispielsweise vorherrschende Bedeutungen und Konventionen gezielt untergraben werden, um damit der bestehenden gesellschaftlichen Ordnung den Spiegel vorzuhalten und zugleich deren Dominanz im öffentlichen Raum zu kritisieren, erscheinen vermeintlich banale Alltagsobjekte in einem neuen, subkulturell geprägten, und damit häufig oppositionellen Rahmen. Es sind insbesondere jugendliche Subkulturen, die diesbezüglich eine Vielzahl von Beispielen liefern. Auch wenn Verallgemeinerungen in diesem Bereich sehr schwierig sind, scheint das zugrunde liegende Phänomen doch wie folgt skizzierbar zu sein: Die Objekte und Waren sind immer bereits durch eine herrschende Kultur mit Bedeutungen und sozialen Konnotationen belegt. Mithilfe einer Neukombination dieser Elemente werden diese ihres ursprünglichen Sinnes beraubt, verweisen aber dennoch auf den Ursprung und schaffen damit den Konflikt, der gewollt ist. Die Gegenstände werden nunmehr mit neuen, auch subversiven Bedeutungen in Verbindung gebracht. Aus diesem Grund ist zur Beschreibung dieses Sachverhalts auch ein aus der strukturalen Anthropologie von Claude Lévi-Strauss (1908–2009) stammender Begriff übernommen worden: Bricolage (vgl. Lévi-Strauss 1968, S. 29). Ein sehr markantes Beispiel ist in diesem Zusammenhang der sogenannte „Edwardian Look" der Teddyboys. Anfang der 60er Jahre des 20. Jahrhunderts übernehmen die Anhänger dieser Gruppe beispielsweise Anzug und Krawatte als Stilelemente ihrer Mode, kombinieren sie aber mit fremden Accessoires und vermitteln insbesondere darüber das provozierende Element. Ähnlich verhält es sich mit Punk oder New Wave-Stilarten, die „seriöse" Modeelemente auf andere Art und Weise einer neuen Ordnung einfügen.

Die Verfremdung oder Neubestimmung von Zwecken muss nicht notwendigerweise eine neue Kultur oder

Gegenbewegung einleiten. Häufig wird beispielsweise Funktionskleidung für Zwecke eingesetzt, die Hersteller vielleicht zunächst nicht in Erwägung gezogen haben: Sportschuhe werden für Business-Zwecke tauglich gemacht oder setzen sich im Büroalltag durch, Outdoor-Kleidung dominiert den Freizeit-Look, auf sprachlicher Ebene wird mal von Urban Style, Urban Fashion, Streetwear usw. gesprochen. Diese Märkte treiben sich gegenseitig an und werden in mehrfacher Hinsicht immer bunter.

Neue Modetrends spiegeln ein zeittypisches Lebensgefühl wider, sie sollen bestimmte milieubezogene Wertorientierungen und Identitätsvorstellungen symbolisieren, sie sollen auf die gesellschaftliche Konstruktion von sozialer Wirklichkeit hinweisen und über den Weg der Visualisierung Auffälligkeit garantieren. Neu ist der hier beschriebene soziale Prozess keineswegs. Auch im 19. Jahrhundert nahmen beispielsweise Sozialfiguren wie Kokotte oder Dandy diese Funktion ein. Diese Personen bewegten sich sozusagen außerhalb einer Klassen- und Geschlechterordnung. Gerade aufgrund dieser Grenzüberschreitung konnten sie Modestile beeinflussen. Auch Simmel hat das Aufkommen neuer Moden mit sozialen Platzierungen am Rande der Gesellschaft in Verbindung gebracht: „Daß die Demimonde vielfach die Bahnbrecherin für die neue Mode ist, liegt an ihrer eigentümlich entwurzelten Lebensform; das Pariadasein, das die Gesellschaft ihr anweist, erzeugt in ihr einen offenen oder latenten Haß, der in dem Drängen auf immer neue Erscheinungsformen seinen noch relativ unschuldigsten Ausdruck findet." (Simmel 1919, S. 44)

Offensichtlich muss also gewährleistet sein, dass die zunächst in einem subkulturellen Milieu entstehende neue Mode Anschlussmöglichkeiten für eine Vielzahl von Menschen eröffnet. Die Mode muss sozusagen ein Lebensgefühl vorwegnehmend symbolisieren. Gelingt dies nicht, wird sich diese Mode in einer Enklave verlieren und gegebenenfalls aufbrauchen. Offensichtlich konnte die Punk-Bewegung eine Sinnkrise unter Jugendlichen vorwegnehmen und damit eine allgemeine Orientierungslosigkeit der 1970er Jahre in spezifischer Weise zum Ausdruck bringen. Der Einfluss reduzierte sich nicht nur auf die Verhaltensweisen und Präferenzen von Jugendlichen, sondern strahlte in viele Bereiche der Massenmode hinein. Vivienne Westwood (1941–2022), eine Pionierfigur der Punk-Bewegung, beklagte in einem Interview diese Vereinnahmungsstrategien: „Man ändert gar nichts, zumindest nicht durch T-Shirts mit pauschalen Phrasen. Dadurch schockt man das Establishment nicht, sondern füttert es im Gegenteil noch. Punk wurde verschluckt, vermarktet, und am Ende waren wir die Opfer." (N.N. 2006, S. 98) In dem Buch „Konsumrebellen" wird dieses Unbehagen in der Frage zusammengefasst: „Wie können so viele Menschen das Konsumdenken ablehnen und trotzdem an einer Konsumgesellschaft teilnehmen?" (Heath und Potter 2009, S. 125) Die Ablehnung dominanter Konsumstile geht mit einem tiefen Bedürfnis nach Selbstbestimmung im Sinne einer Loslösung von Marktabhängigkeit in allen Lebenslagen einher. Und dennoch wird damit die Wurzel für Anti-Branding-Märkte gelegt. Verstärkt werden diese Prozesse durch eine hinlänglich bekannte Aufmerksamkeitsasymmetrie, die gerade den Massenmedien nachgesagt wird. Je ungewöhnlicher Phänomene sind, desto höher ist die ihnen zugeschriebene Relevanz einzuschätzen. Medien räumen daher diesen subkulturellen Phänomenen mehr Platz ein als ihnen in einem rein statistischen Sinne zukommen müsste. Gleichwohl entspricht der damit verbundene Einfluss nicht einer Verdoppelung der vorgelebten Identitätsmuster. Häufig reduziert sich dieser Einfluss auf ästhetische Ausdrucksformen, die hinsichtlich der damit verbundenen Lesarten auf konventionelle Formen der Interpretation reduziert werden. Die Übernahme der subkulturellen Stilelemente in die Massenmode erfolgt also nicht direkt, sondern über unterschiedliche Zwischenstationen, die auch dazu beitragen können, dass der ursprüngliche Stil verwässert bzw. verfälscht wird. Was mit hohen Ansprüchen beginnt, endet in einem Prozess der Konventionalisierung.

Parallel zu dieser Entpolitisierung ist der Anteil der systematischen Kommerzialisierung der Modezyklen erkennbar angestiegen. Dadurch bauen sich in zunehmendem Maße zirkuläre Wirkungsketten auf, in denen Jugendliche sowohl Lieferanten als auch Konsumenten von entsprechenden Stilen werden. Wenn Jugendliche sich beispielsweise durch einen spielerischen Umgang mit Werbung auszeichnen, wird dieses Element umgehend für Marketingzwecke instrumentalisiert. Ursachen und Wirkungen werden damit in zunehmendem Maße dynamisiert. Parallel dazu steigt das Sampling von Stilelementen: „Bricolagen werden zu Bricolagen werden zu Bricolagen und bedeuten nichts mehr und alles." (Baacke 1999, S. 215)

Teil dieser Beschleunigung ist die Freude am Spiel. Dort, wo Potenziale gesehen werden, wird zugegriffen und damit das Gesicht eines gesellschaftlichen Funktionsbereichs verändert: Arbeit, Sport, Militär. Auch Schutzkleidung wird als Massenware zu günstigen Preisen angeboten. Klobige Arbeiterschuhe finden auf dem Asphalt neue und moderne Bewegungsfelder, Schlaghosen sind durch Zimmermannshosen inspiriert worden usw. Ein weiteres Beispiel, das auch im Sinne eines Recycling-Trends interpretiert werden kann, ist die sogenannte Retro-Mode. Die Vergangenheit inspiriert sozusagen die Modestile der Gegenwart. Bereits Simmel hatte die Ansicht vertreten, dass die Mode ihr Ziel des ständigen Wechsels mit den sparsamsten Mitteln zu erreichen versucht und aus diesem Grund immer wieder auf frühere Formen zurückgreift:

„Sobald eine Mode einigermaßen aus dem Gedächtnis geschwunden ist, liegt kein Grund vor, sie nicht wieder zu beleben." (Simmel 1919, S. 53 f.) Diese Formen des Revivals bleiben nicht auf Jugendmoden beschränkt, sondern werden zu einem beliebten Stilmittel von Modedesignern, die damit wiederum den Weg zur Massenmode ebnen. Neue Mode darf dabei auch getrost von Beginn an alt aussehen, wie sich unzweifelhaft an der Fabrikation bestimmter Formen von Jeans-Kleidung erkennen lässt. Das erste Loch oder der erste Riss mag zufällig entstanden sein. Danach wurde genau überlegt, wo der „Fehler" hingehören soll: eine visuelle Gratwanderung, die immer wieder Grenzen auslotet.

6

„C'est bon, C'est bon …" – Impulsgeber und Geschichtenerzähler

Die Mode lebt von Impulsen, wirkt wie ein neuer Energieträger, der die Gesellschaft durchströmt. Sie setzt dabei auf Distanz und Nähe, lässt die Avantgarde avantgardistisch sein und auch den Nachahmern das Gefühl der Besonderheit. In diesem arbeitsteiligen Modell sind vor allem jene Allianzen populär und auffällig, die den Prominenzfaktor geschickt platzieren und damit eine Breitenwirkung realisieren. Auf der Leinwand und auf den Laufstegen sieht man den Stoff, aus dem sich die Fantasie speist. Stephen Gundle spricht in seinem Buch „Glamour" von „stuff of fantasy" (2008, S. 172) und weist auf die enge Verbindung mit dem Starsystem hin. Die Werbung benötigt nicht den formalen Hinweis, dass sie nun an der Reihe ist. Sie nutzt das Scheinwerferlicht und erfreut sich an den vielen Mitbeobachtern, die eine marktgängige Botschaft in ihre Verbreitungskanäle geben. Niemand warnt an dieser Stelle vor Product-Placement.

Werbung wird aber häufig anders gerahmt und wahrgenommen, weil ihr die Beeinflussungsabsicht auf die Stirn geschrieben zu sein scheint. Obwohl die meisten Werbebotschaften auch eine Informationsabsicht haben, dominiert die Wahrnehmung als Manipulationsinstrument. Die Werbung gehe zudem davon aus, dass diese Unaufrichtigkeit vorausgesetzt wird: Mit dem Satz „Nach der Wahrheit die Werbung." (Luhmann 2017, S. 61) wird diese Einordnung markant zusammengefasst. Die Kernbotschaft scheint offensichtlich zu sein, aber es mag auch etwas verheimlicht werden. Die Faszination, die die unaufrichtige Werbung verursacht, lädt also nicht nur dazu ein, sich auf dieses Spiel einzulassen, sondern den Geheimnissen auf die Spur zu kommen. Sie mag beispielsweise darin begründet sein, dass Werbung selbst mit Widersprüchen arbeitet. Es komme im Falle der Werbung vor allem darauf an, auf der Seite des Konsumenten eine spezifische Ungewissheit zu erzeugen. Es gilt in ein Terrain einzudringen, in dem die Frage nach einem bestimmten Bedarf gar nicht aktuell gewesen ist. Aus diesem Grund betont die Werbung auch gerne die Entscheidungsfreiheit des Konsumenten, obwohl er natürlich eigentlich etwas kaufen soll, was er vielleicht gar nicht wollte. Für die Funktionsweise der Werbung aber ist entscheidender, dass sie „unendlich *gefräßig* [ist], indem sie schier alle kulturellen Darstellungsformen vereinzeln, entkontextualisieren und für ihre Zwecke funktionalisieren kann." (Schmidt 2000, S. 236) Dieser Zugriff auf Angebote der Umwelt ist reflexiv, aber nicht spiegelbildlich organisiert. Die Werbung arbeitet an Illusionen, beispielsweise daran, dass etwas Ähnliches nicht dasselbe ist. Solange sie in der Lage ist, eine Kommunikation über diese Illusionen in Gang zu halten, scheint sie auf Erfolgskurs zu sein.

Die Werbung lebt also zunächst von der Erwartung, dass sie etwas bewirkt. Hinzu kommt eine eher unklare

Vorstellung davon, was denn eine starke Werbewirkung ist. Niemand wird, auch unter Zugrundelegung eines einfachen Stimulus-Response-Modells, annehmen, dass das Vorliegen eines starken Effekts die gleichgerichteten Aktivitäten aller Mitglieder einer Gesellschaft oder Zielgruppe zur Folge haben muss. Selbst, wenn nur weniger als zehn Prozent der Bevölkerung einer bestimmten Werbekampagne ‚folgen', wird ein solcher Effekt von der öffentlichen Meinung bereits als erstaunlich eingestuft. Raymond Bauer hat in seinem berühmten Aufsatz ‚The Obstinate Audience' an verschiedenen Beispielen gezeigt, dass bereits ein geringer prozentualer Anteil an Personen, die ihr Verhalten tatsächlich ändern, schon als Werbeerfolg interpretiert werden kann. Wer durch seine Botschaften die Marktanteile – z. B. in dem damals stark umworbenen Feld der Zigarettenindustrie – um einen Prozentpunkt verbessern kann, steigert damit die Einnahmen beträchtlich. Auch wenn sich am Ende vielleicht Teile der Verbraucherschaft verärgert zeigen, bleiben solche Unternehmungen profitabel (vgl. Bauer 1964, S. 322).

Wirkung ist also das Ergebnis von willfährigen und widerspenstigen Faktoren. Die Behauptung, dass Wohlstand im Wesentlichen auf künstlich geschaffenem Bedarf beruhe, unterschätzt die Distanz zwischen Wahrnehmung und Entscheidung. Die Werbung macht den Konsumenten unter Umständen auf Produkte und insbesondere Neuerungen aufmerksam, bestimmt damit aber noch nichts. Die Funktion der Werbeseite besteht eher darin, noch nicht konkret genug empfundene Bedürfnisse zu verdeutlichen und zu wecken. In der Regel sind die Bedürfnisse der Menschen nämlich nicht exakt spezifiziert und daher für den Produzenten nur Andeutungen auf die gewünschte Beschaffenheit eines Produkts. Ein Pionier der sozialökonomischen Verhaltensforschung erläutert den Vorgang wie folgt: Das Automobil dürfte Ende des 19. Jahrhunderts kaum entstanden sein, weil es dafür einen wirklichen Bedarf gegeben hat und der Verbraucher wirklich sagen konnte, dass er dieses Fortbewegungsmittel benötigt. Aber: „Zwischen den frühen Tagen des Automobils und heute liegen Jahrzehnte sozialen Lernens. Dieser Lernprozeß war natürlich nicht spontan. Erstens hätte er ohne die betreffende Erfindung nicht beginnen können, zweitens ist er eine Funktion zahlreicher empfangener Reize, aus der persönlichen Erfahrung, Erziehung, Lektüre und schließlich auch der Werbung. Deshalb ist es nicht unwichtig zu sagen, daß Bedürfnis nach Autos sei angelernt oder […] es sei »erfunden«. Aber sind nicht in diesem Sinne unsere Bedürfnisse in der Regel erfunden? Und sind nicht trotzdem die meisten unserer erfundenen Bedürfnisse in gewissem Sinn »ursprüngliche«?" (Katona 1965, S. 82)

Die Waren erhalten also ein Sprachrohr, sie werden in zunehmendem Maße von der Werbung mit Leben ausstaffiert (▶s. Box 6).

Box 6: Es gibt eine politische Geschichte und es gibt eine Konsumgeschichte. Ein Auszug

„Ein in der Vergangenheit erfolgreicher Damenfeinstrumpf hieß „Soraya", eine Waschmaschine „Constructa" und ein Auto „Capri". Die damit aufgerufenen Vorstellungsbilder brachten die jeweiligen Waren zum Sprechen und den Menschen nah. So versprach „Soraya" (in Anlehnung an die deutschstämmige Kaiserin von Persien) „Schönheit", „Constructa" perfekte Waschtechnik und „Capri" ein traumhaftes „Reiseziel". Wo immer Waren sich bewährten, ihre Versprechen sich einlösten, gruben sie sich in die Lebensgeschichten ihrer Verwender ein. Der erste Kühlschrank, die Antibabypille, eine Wohnlandschaft, ein Walkman oder heute: der Internetzugang waren und sind Teil kollektiver Lebensentwürfe und Lebensmöglichkeiten. Es malt sich nicht allein der Fortschritt von Wissenschaft und Technik in ihnen ab, sondern auch ein Stück Vertrauen, ja Glaube

> der Menschen. Der Philosoph Günter Anders hat dies einmal so ausgedrückt: „Wir machen die Serienprodukte, obwohl diese im Augenblicke des Erwerbs unauratisch gewesen waren, nachträglich auratisch, wir ‚aurafizieren' sie, wir durchtränken sie mit unserer Daseinsatmosphäre: an die von der Stange gekaufte Hose hängt sich unser Herz nicht minder fest als an die maßgeschneiderte, die Sentimentalität dringt in unsere Beziehung zu Massenwaren genauso tief ein wie in unsere Beziehungen zu Unikaten.""
> *Schindelbeck 2001, S. 7*

Zunächst geschieht dies noch erklärend und langatmig, aber durch die Integration von Fotografie und bewegten Bildern werden diese Werbeerzählungen zunehmend zu einer Repräsentation von Lebenswelten, die gelegentlich den unmittelbaren Warenbezug gar nicht mehr erkennen lassen. Gelegentlich wird für diese Überzeugungsanstrengungen auch der Begriff der persuasiven Kommunikation (Schönbach 2022) verwandt. Hinter dem Vorhang der Beeinflussung grüßt mal der Humor, dann der praktische Ratgeber, Droh-Appelle finden sich auch gelegentlich, ebenso das Überraschungsmoment. Werbewirkungsforschung bedeutet in diesem Zusammenhang sowohl die wissenschaftliche Herangehensweise im Sinne experimenteller oder quasi-experimenteller Verfahren als auch das populärwissenschaftliche Spiel mit den Taktiken der „geheimen Verführer". Stets wird der Vorhang ein wenig geöffnet und Einblick in kluge Erzählungen gegeben, denen man selbst vielleicht zuvor selbst auf den Leim gegangen ist. Aber auch für den Konsumenten gilt, dass er sich gerne auf der Seite der Unverwundbaren wähnt und die Naivität nicht bei sich selbst verortet.

Die Ungewissheit über die Wirkkraft von unterschiedlichen Werbemaßnahmen hält die Kommunikation über Erfolg oder Misserfolg solcher Kampagnen in Gang. Der

Streit um das Stimulus-Response-Modell, das direkte Beeinflussungsmöglichkeiten der Verbraucher unterstellt, gehört ebenso in diesen Kontext wie die Debatte um die Seriosität der Motivforschung, die insbesondere in den 1950er Jahren in den Vereinigten Staaten einen von vehementer Kritik begleiteten Siegeszug angetreten hatte. In diesem Zusammenhang wird insbesondere das Phänomen der unterschwelligen Werbung diskutiert und beispielsweise auf das Experiment von James Vicary verwiesen. Sehr kurze, vom Publikum gar nicht wahrnehmbare Einblendungen von Werbeanzeigen sollen danach dazu geführt haben, dass im Foyer des Kinos in einem New Yorker Vorort der Absatz von Coca-Cola und Popcorn nach einem Zeitraum von sechs Wochen enorm angestiegen sei. Die öffentlichkeitswirksame Vermarktung solcher Befunde hat die Kontroverse um Methoden der geheimen Verführung noch verstärkt, auch nachdem bekannt wurde, dass Vicary die Befunde manipuliert hatte, um sein eigenes Werbeunternehmen aus der Krise zu retten.

In besonderer Weise lässt sich dies an der Kontroverse um einen Klassiker der Werbekritik verdeutlichen, den Vance Packard 1957 in den USA publizierte. Packard spart in diesem Buch nicht mit Vorwürfen an die Werbebranche, nimmt sogleich aber die Mehrheit der Werbefachleute in Schutz, denen er attestiert, dass sie nicht so sehr an einer systematischen Irreführung des Konsumenten interessiert seien, sondern an sachlicher Überzeugung. Das Buch suggeriert Insiderwissen, wenn beispielsweise Effekte beschrieben werden, die der Gestaltung bestimmter Produkte, der Formulierung bestimmter Werbeaussagen und der Verwendung bestimmter Farben bzw. Farbkonstellationen usw. folgen können. Zugleich ist der Erfolg dieses Buches symptomatisch für die Beurteilung von Werbewirkung im Allgemeinen. Packard wählte den Weg eines populären Sachbuchs und rückte damit Konsumphänomene ans Tageslicht, die bis heute in der Lage sind, Anschlusskommunikation zu garantieren. Wenn die Boulevard-Presse beispielsweise Berichte über die versteckten Verführungsmethoden in Supermärkten und Kaufhäusern publiziert, ist diesen Enthüllungen Aufmerksamkeit garantiert. Obstabteilungen sollen Frische vermitteln, Paletten werden auch Stopper genannt, teure Produkte werden in Augenhöhe platziert und das billige Backmehl verschwindet in den unteren Reihen der Regale. Ebenso versuchen Verkaufsstellen von Großbäckereien in Fußgängerzonen durch das Setzen von Duftmarken die Atmosphäre der klassischen Bäckerei zumindest zu simulieren. Zu Packards Botschaften gehört aber auch, dass es nicht leicht ist, den Konsumenten in eine bestimmte Richtung zu lenken. Auch in der Werbung muss mit Widerspenstigkeit oder mit Interpretationen gerechnet werden, die nicht den Intentionen der Kommunikatoren folgen.

Neuere verhaltenswissenschaftliche Ansätze sind seit langem von der Zielsetzung abgegangen, den Nachweis direkter Werbewirkungen zu erbringen. Solche Zielvorgaben müsse man eher als eine Überforderung für jeden Werbemanager einstufen. Man könne in der Regel keine direkten Beziehungen zwischen der Werbung einerseits und bestimmten Einstellungs- bzw. Verhaltensänderungen andererseits nachweisen. Dieses Zurechnungsproblem steigt im Zuge einer Ausweitung des Angebots bei gleichzeitiger äußerer Anpassung der Produkte. Ungeachtet dessen bleibt das Ziel der Werbung, eine Verhaltensbeeinflussung zu erzielen. Dieses Ziel wird nur etwas moderater formuliert: Man spricht nicht mehr von Verhalten, sondern von Verhaltensdispositionen.

Hinzu kommt, dass die Werbung sich nicht in einem neutralen gesellschaftlichen Umfeld bewegt. Es ist nicht nur gut bestätigt, dass Werbung mit ihren Botschaften ein Spiegelbild des gesellschaftlichen Gefühlshaushalts sein möchte, sondern eben auch ein Kommunikationsareal, das auf plötzliche und unerwartete Krisen reagieren muss. Ein humorvoller Spot wirkt plötzlich absurd, wenn ein terroristischer Anschlag die Welt in Angst und Schrecken versetzt. Wiederholte Finanzkrisen nehmen einen erheblichen Einfluss auf das Unsicherheitsgefühl der Menschen. Die Corona-Pandemie brachte das öffentliche Leben zum Stillstand und gab dem privaten Leben kaum Spielräume: keine Zeit also für laute und schrille Töne. Der Kommunikationsmodus antizipiert somit das Sorgenbarometer der Bevölkerung.

Zu diesem raschen Reaktionsmodus gehört auch, dass, sobald sich Signale der Entspannung beobachten lassen, diese Rücksichtnahme wieder in Vergessenheit gerät. Daher gehört es zum Alltag der Werbung, dass sie nicht nur dort aneckt, wo sie sich ausdrücklich mutig und frech präsentiert, sondern auch mit der Fortschreibung von Rollenvorstellungen und Rollenattributen den Widerspruch unterschiedlicher Zielgruppen auslöst. Ob Werbung und Religion, Werbung und Kunst, Werbung und Wissenschaft – dem Austausch von Symbolen und Stereotypen wird viel Raum gegeben.

Operierten die Werbekampagnen der 1950er Jahre häufig noch mit märchenhaften und paradiesisch anmutenden Traumwelten, änderten sich die Erzählformen allmählich: mehr Experten, mehr Wahrheitsinstanzen, mehr praktische Ratschläge für den Alltag. Die Produkte fanden sich in einem wissenschaftlich anmutenden Umfeld, die Wahrheit und die Werbung suchten eine Allianz, auch durch die dosierte Verwendung wissenschaftlicher Fachtermini (z. B. Cerealien, Liposomen). Testverfahren und Qualitätsprüfungen werden als Botschaften integriert. Erfolge werden nach einem Vorher/Nachher-Schema sichtbar gemacht, die Verwendung von Superlativen soll die Leistungskraft unterstreichen; Exklusivität wird paradoxerweise zu einem Merkmal, das vielen Produkten attestiert werden kann, die Multiplikatorenwirkung wird in der Werbung selbst vorgeführt, indem sich Menschen gegenseitig Ratschläge geben. Die Liste der Inszenierungsformen ist lang, der Versuch, sachliche und emotionale Appelle zu koppeln, erscheint zeitlos. In der Summe entsteht ein der Werbung eigener Gesellschaftsentwurf, der ein selektives Spiegelbild der Zeitgeschichte ist, aber auch auf die Aspirationen der umworbenen Gesellschaft zurückwirkt. Werbung ist nicht nur ein Produzent von Stereotypen und der Wirklichkeit entrückter Szenarien, sondern will Vergleichsmaßstäbe für den eigenen Lebensstandard offerieren. An die Stelle eines Produktwettbewerbs trat mehr und mehr auch ein Kommunikationswettbewerb. Begleitet und verstärkt wurde diese Entwicklung durch vier Faktoren, die Werbung zwar einerseits zu einem Integrationsmedium, andererseits aber auch zu einem ubiquitären Phänomen werden ließen. Gemeint ist eine

- sachliche Ausdehnung der Werbung: Es vollzieht sich eine Differenzierung von Produkten und Dienstleistungen, die nicht notwendigerweise mit klar erkennbaren Unterscheidungskriterien einhergeht,
- zeitliche Ausdehnung der Werbung: Durch eine Ausweitung und Diversifizierung des Medienspektrums erhöht sich das Werbevolumen. Insbesondere im Bereich der audiovisuellen Medien hat die Deregulierung von Medienordnungen den Fernsehmarkt für privatkommerzielle Anbieter geöffnet, die Online-Welt kennt keine Werbepausen,
- räumliche Ausdehnung der Werbung: Eine Ausweitung der Werbeflächen und Werbeorte ist unverkennbar, Strategien des Product-Placements und Sponsoring versuchen immer wieder aufs Neue die Grenzen des Erlaubten neu zu definieren,

- soziale Ausdehnung der Werbung: Das Spektrum der interessierenden Zielgruppen wird immer weiter ausgedehnt. Kinder (differenziert nach Altersgruppen), Werbung für und mit älteren Menschen, Integration von Randgruppen in Werbestrategien, Werbung für und mit Subkulturen usw.

Diese Ausdehnungen machen Werbung zu einem inflationären Phänomen und erweitern damit die Plätze, an denen die Konsumgesellschaft sichtbar wird. Zugleich unterliegen zahlreiche Werbeformen einem Prozess von Innovation, Beschleunigung und Abnutzung. Ein innovativer Spot bleibt nicht lange allein und damit eben auch nicht lange innovativ. Seine Popularität wird registriert, in den Grenzen des Erlaubten kopiert und vielfach beobachtbar gemacht. Er wird von „den Konkurrenten im Werbesystem gnadenlos ausgeschlachtet und damit normalisiert." (Schmidt 2000, S. 265) Ebenso wird es Maßnahmen ergehen, die sich als ultimative Antwort auf den „Werbe-Overkill" präsentieren und sich beispielsweise unter dem Namen Guerilla-Marketing als neue Erfolgsstrategie für Aufmerksamkeitssicherung und Effizienz präsentieren. Geringer Mitteleinsatz soll große Wirkung erzielen. Originelle Ideen bei überschaubaren Kosten sollen Konsumenten überzeugen, z. B. ein neuer Autotyp inmitten der Zuschauerränge einer Sportveranstaltung.

Während die einen in diesem Wettlauf dem Mainstream verhaftet bleiben, glauben andere in der bewussten Provokation der Öffentlichkeit eine neue und Erfolg versprechende Strategie der Werbung entdeckt zu haben. Der Deutsche Werberat, eine Institution, die im Jahr 1972 angesichts einer zunehmenden Kritik an dem damaligen Gebaren der Werbebranche als Selbstkontrollinstanz etabliert wurde, sah sich vor mehr als 20 Jahren genötigt darauf hinzuweisen, dass „Aufsehen […] noch kein Ansehen [ist], um das sich Unternehmen für ihre Angebote im Markt bewerben müssen." (zit. nach Jäckel und Reinhardt 2002, S. 527) Anfänglich konzentrierte sich die Diskussion noch auf die Kampagnen von Benetton, des Weiteren auf Versuche, religiöse Symbole im Kontext der Werbung für kommerzielle Zwecke zu verfremden. In der Konsequenz wurde darauf hingewiesen, dass sich die Werbung seit jeher aus der „Zeugkammer des Religiösen" bedient hat (Reichertz 1998, S. 273).

Für die Werbung selbst konstituiert sich mehr und mehr ein modernes Hase-Igel-Syndrom: Alles ist schon einmal da gewesen. Ebenso steigt das Misstrauen derjenigen, die sich aus den Investitionen in diese Werbemaßnahmen einen Erfolg erhoffen. Produktpositionierung findet daher nicht mehr ausschließlich innerhalb des klassischen Werbespektrums der (Massen-)Medien statt, sondern bedient sich ergänzend unterschiedlich ambitionierter Maßnahmen im Feld des Eventmarketings. Symptomatisch für den Kampf um Aufmerksamkeit sind vermehrte Investitionen in diese Below-the-line-Strategien, die unweigerlich zu einer weiteren Eroberung des öffentlichen Raums durch kommerzielle Botschaften führen.

Trotz ihrer Omnipräsenz endet das Orientierungsbedürfnis des Konsumenten nicht mit der Wahrnehmung einer Information mit Werbeabsicht. Die Werbung selbst weiß um die Bedeutung des sozialen Umfelds und integriert es deshalb. Konsumentscheidungen und deren Akzeptanz werden daher in einen Gruppenkontext gestellt (beispielsweise der Jubel von Freundinnen und Freunden beim Überreichen eines Geschenks). Das Urteil von weiteren Beobachtern wird integriert. Die Schokolade genießt man gemeinsam, Essen ist ein soziales Ereignis usw.

Referenzgruppen oder Bezugsgruppen können individuelles Verhalten und individuelle Einstellungen verändern oder verstärken. Meist assoziiert man mit dem Begriff

„Gruppe" ein überschaubares soziales System, das durch die Interaktion der Beteiligten geprägt wird. Gruppe impliziert, dass sich die Mitglieder untereinander kennen. Dieses Kriterium muss für die Bezugsgruppe nicht notwendigerweise gelten. Eine soziale Gruppe ist immer auch eine Bezugsgruppe, eine Bezugsgruppe aber nicht notwendigerweise auch eine soziale Gruppe. Die Funktion von Bezugsgruppen kann dabei sowohl normativer Art sein, indem es zu (partiellen) Orientierungen des Verhaltens an den Regeln dieser Gruppe kommt, oder komparativer Art, indem die Bestimmung der eigenen Position in positiver oder negativer Abgrenzungsabsicht erfolgt. Positiv bedeutet dann gleichzeitig, dass eine Identifikation mit den Werten und Normen dieser Gruppe zu beobachten ist und eine Imitation dieser Verhaltensmuster dem jeweiligen Konsumenten subjektiv einen Gewinn verspricht. Negativ signalisiert zwar zunächst Ablehnung, aber selbst die Artikulation einer Aversion kann subjektiv als Belohnung empfunden werden.

Während im Rahmen der Bezugnahme auf soziale Kategorien der Medieneinfluss höher einzuschätzen ist, steigt im Falle informeller und formeller Gruppen die Bedeutung der interpersonalen Kommunikation als Orientierungsgröße an. Besonders drastische Referenzgruppeneffekte beschreibt beispielsweise das Phänomen, dass weltweit ähnliche Kleidungs- und Markenpräferenzen in verschiedenen sozialen Großgruppen beobachtet werden können. Für diese auf den ersten Blick homogenisierend wirkenden Phänomene ist der Begriff „Medien-Cloning" verwandt worden (N.N. 1998, S. 37). Die Vernetzung von Präferenzen über regionale Grenzen hinweg erscheint hier als ein in erster Linie medienvermittelter Prozess. Eine ausschließliche Betonung dieses Einflusses unterschätzt aber die ergänzende oder auch modifizierende Wirkung, die innerhalb der jeweiligen Gruppen – und dies bedeutet in der Regel: über interpersonelle Kommunikation – erfolgt.

Hier nun schließt sich der Kreis zu den eingangs dieses Kapitels beschriebenen Prominenz-Effekten. Wer Einflusskaskaden systematisch verfolgt, lernt dabei auch etwas über die Nähe und Distanz der Gruppen, die sich in ihrem Verhalten an anderen orientieren. Es ist nicht die Gesellschaft als Ganzes, die einen Impuls setzt, sondern Einzelsignale in einem arbeitsteiligen Prozess, der, wie von unsichtbarer Hand geleitet, Veränderungen einen Weg bahnt. Die sozialwissenschaftliche Diffusionsforschung hat aus einer Vielzahl von Untersuchungen zu unterschiedlichsten Produktkategorien Regelmäßigkeiten ableiten können, die in einer Typologie und einer bekannten Kurve mündeten.

Im Falle der Übernahme von Innovationen spielen sowohl sachliche als auch soziale Aspekte eine Rolle. Ratschläge Dritter werden dann gesucht, wenn die Ungewissheit, die mit einer bestimmten Entscheidung verbunden ist, auf der Ebene formeller Informationsquellen nicht angemessen reduziert werden kann. Meinungsführerschaft wird also dann eintreten, wenn die Verhaltensunsicherheit groß ist und Individuen nach Orientierungshilfe suchen, um Risiken zu minimieren. Gerade dann aber spielen insbesondere die sogenannten Konsum-Pioniere, die man auch als „wagnishafte Neuerer" bezeichnet, eine große Rolle. Sie übernehmen im Grunde genommen höhere Innovationskosten als jene, die eine Innovation später übernehmen. Auch hier wird ein individualistischer Mechanismus beschrieben, der weitergehende Prozesse in Gang setzt. Klassifiziert man daher frühe und späte Übernehmer (adopter), resultiert daraus die bekannte Adopter-Typologie von Rogers. Trägt man die Zahl der Übernehmer auf einer Zeitachse ab, resultiert daraus die ebenso bekannte S-Kurve, die Auskunft über den Verbreitungsgrad einer Innovation gibt. Beide Darstellungsformen sind in Abb. 6.1 zusammengefasst.

In beiden Fällen handelt es sich um idealtypische Darstellungen. Dabei geht die Adoptertypologie davon aus, dass die Risikofreudigkeit bei den Innovatoren am größten und bei den Nachzüglern am geringsten ist. Die Integration und Anerkennung innerhalb eines sozialen Systems ist dagegen bei den frühen Übernehmern am größten. Diese Gruppe ist für die Beschleunigung eines Diffusionsprozesses von großer Bedeutung. Die Innovatoren dagegen

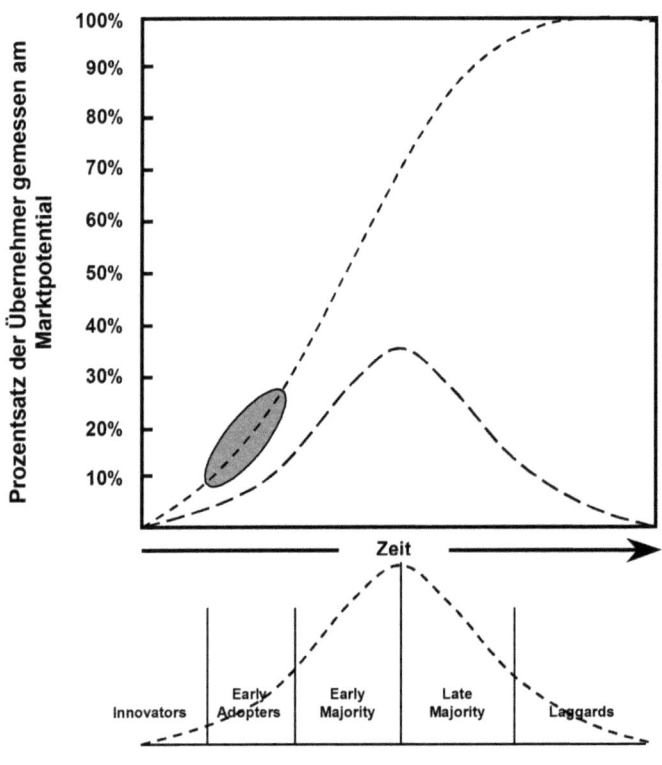

Quelle: Rogers 2003, S. 273 und 281

Abb. 6.1 Kumulative und zeitliche Darstellung der Diffusion

übernehmen die Funktion der Einführung einer Innovation, andere lernen davon. Frühübernehmer genießen also einen Vertrauensvorschuss und werden bezüglich anstehender Entscheidungen häufiger gefragt. Sie sind in der Regel auch gut informiert und zeichnen sich durch eine überdurchschnittliche Mediennutzung, die gleichwohl selektiv und zielgerichtet erfolgt, aus. In der Regel liegt hier auch ein höherer sozioökonomischer Status vor. Die Bedeutung von Meinungsführerschaft nimmt daher von den frühen Übernehmern bis hin zu den Nachzüglern ab. Die frühe Mehrheit stellt quasi den Durchschnittsbürger dar, der in seinem Urteil zunächst noch unsicher ist und insgesamt einen längeren Entscheidungsprozess benötigt. Im Falle der späten Mehrheit dominiert wieder stärker die Skepsis gegenüber Neuerungen, zugleich ist hier der sozioökonomische Status nicht mehr als überdurchschnittlich zu bezeichnen. In dieser Gruppe muss sozusagen der soziale Druck wachsen, damit eine Innovation endlich übernommen wird, sie muss unausweichlich werden und die Einstellungen innerhalb eines sozialen Systems müssen darauf hinweisen, dass eine Übernahme dieser Neuerung überfällig ist. Nachzügler schließlich neigen dazu, sich mit den gegebenen Verhältnissen zufrieden zu stellen, eine hohe Bereitschaft für Innovationen steht ihnen fern. In der Regel wird dort eine Innovation übernommen, wenn sie in den anderen Gruppen bereits als Produkt in den Alltag integriert ist bzw. ein neuer Innovationszyklus begonnen hat.

Das ist die bekannte Lesart dieses Prozesses. Die Frage, ob man sich für ein neues Produkt entscheidet, wird im Falle optionaler Entscheidungen insbesondere durch fünf Faktoren beeinflusst: relative Vorteilhaftigkeit, Kompatibilität, Komplexität, Prüfbarkeit, Beobachtbarkeit. In dieses Entscheidungsraster fließen also Kosten/Nutzen-Überlegungen ein, die nicht nur im engeren Sinne von der

Verfügbarkeit ökonomischer Ressourcen bestimmt werden. Gerade der Hinweis auf Kompatibilität, also auf die Anschlussfähigkeit der Innovation an bereits Bestehendes, soll verdeutlichen, dass Neuheiten den Gewohnheitsfaktor berücksichtigen müssen, aber auch die Vereinbarkeit mit bestehenden Werten und Normen innerhalb eines sozialen Systems.

Lange wurde in der Forschung diskutiert, ob es so etwas wie eine allgemeine Meinungsführerschaft geben kann, also Personen, die aufgrund ihrer Qualitäten und Kompetenzen in vielen unterschiedlichen Belangen der Orientierung dienen oder konsultiert werden. Aus heutiger Sicht wird man zu dem Ergebnis kommen müssen, dass die Spezialisierung in der Welt des Einflusses deutlich zugenommen hat. Es handelt sich somit um eine generelle Verhaltensdisposition, die die Wahrscheinlichkeit erhöht, in eine aktive Rolle dieser Art zu schlüpfen. Sie wird ergänzt durch Spezialisierung auf wenige (benachbarte) Bereiche. Seit dieses Phänomen auch einen guten Teil der Kommunikation auf sozialen Medien ausfüllt, verdichtet sich die Einsicht, dass nicht nur die große Prominenz Impulse setzen kann, sondern auch die soziale Nähe von Ratgebern und Ratsuchenden. Das gilt nicht nur für die Frühphase des Diffusionsverlaufs, sondern eben auch für spätere. Kommunikation auf Augenhöhe und ähnliche soziodemographische Merkmale bleiben relevant (siehe auch Wunderlich 2023). So lässt sich abschließend sagen: Das Außeralltägliche hat in der Werbung seinen Platz und die Veralltäglichung des Einflusses auch.

7

„Slow Food" – Ernährung als kreatives Grundbedürfnis

Ein Hashtag muss noch nicht Ausdruck von Einfluss sein. Aber wenn es ums Geld geht, stehen die Chancen nicht schlecht. Unter #loudbudgeting werden Ratschläge ausgetauscht, wie wieder mehr Flexibilität in die eigene Kasse kommen kann, wenn das Geld knapp wird. Zu den Tipps, die dort zu finden sind, gehört auch der Verzicht auf Essens-Lieferservices, die tagaus, tagein für zusätzliche Verkehrsmobilität sorgen. Diese leben auch davon, dass sie mit guten Rezepten dort überzeugen, wo die Zubereitung des Essens aus unterschiedlichen Gründen nicht im Mittelpunkt steht. Der Markt ist umkämpft, die Namensvielfalt beeindruckend: Flink, Picnic, Knuspr usw.

Ludwig Feuerbachs Satz „Der Mensch ist, was er isst" hat, wenn es um die Geschichte des Konsums geht, schon viele Dienste geleistet. Jürgen Kaube etwa beginnt sein Kapitel über die Anfänge des Kochens damit, den Menschen als nicht festgelegten Esser einzustufen (vgl. 2017, S. 43). Aber ebenso möchte er nicht ausschließen, dass es einen

Zusammenhang zwischen Fast Food und Ungeduld geben könnte. Es geht letztlich um ein sehr elementares Phänomen. Zugleich ist die vielfach verfeinerte Form des Konsums/Verbrauchs von zu Nahrungsmitteln verwandelten Rohstoffen dazu geeignet, den Wandel einer Gesellschaft zu beschreiben, ohne damit sogleich eine Theorie des Ganzen zu liefern.

Mag der Mensch also in dieser Hinsicht als zunächst offenes Wesen bezeichnet werden, so durfte er historisch doch immer wieder Bekanntschaft mit einem Regelwerk machen, das ihm bestimmte Formen der Ernährung gestattete oder den Zugang zu bestimmten Produkten regulierte. Besondere Anlässe zeichneten sich auch durch entsprechende Vorschriften für die höheren und niederen Stände aus. Eine sehr anschauliche Darstellung von Standesdifferenzen findet sich in Fernand Braudels „Sozialgeschichte des 15. bis 18. Jahrhunderts". Für die Geschichte der Menschheit stellt er darin fest, dass in monotoner Wiederholung der Anbau und Konsum einfacher Grundnahrungsmittel einen Großteil der Lebenszeit aufzehrte. Die Beschaffenheit des Bodens und die Bevölkerungszahl einer Region setzten die Grenzen für die jeweils mögliche Art der Ernährung. Ob man Fleisch oder Getreide verbrauchte, hing aber nicht nur von religiösen oder kulturellen Vorgaben ab oder von der Region, in der man lebte, sondern auch vom sozialen Rang, den man innehatte (vgl. Braudel 1985, S. 103). Bis in das 17. Jahrhundert hinein galt zwar das Sprichwort: Seit mehr als 1000 Jahren wird für den Bauch Europas geschlachtet. Es waren aber vorwiegend die Tische in den Räumen der oberen Stände, die sich unter der Last des Fleisches bogen. Die Ernährung des einfachen Volkes war dennoch nicht vollständig von einem Brei- und Mus-Standard dominiert. Auch wenn in diesem Bereich Generalisierungen sehr schwierig sind, stellen Teuteberg und Wiegelmann bezüglich der

Nahrungsgewohnheiten fest: „[…], daß die Menschen wohl immer eine gemischte Kost bevorzugt haben. Weder eine reine Pflanzennahrung, noch eine reine Fleischnahrung haben jemals auf die Dauer Bestand gehabt. Reine Pflanzennahrung war stets ein Notbehelf für die Armen in Krisenzeiten. Aber auch die Oberschichten, denen in der Nahrungsbeschaffung keine Grenzen gesetzt waren, ernährten sich bemerkenswerterweise niemals vom Fleisch allein." (1972, S. 66)

Symptomatisch für die Ständedifferenzierung ist auch, dass bestimmte Grundnahrungsmittel, die sich im 18. und im frühen 19. Jahrhundert durchzusetzen begannen, nicht von vorneherein generelle Akzeptanz in der Bevölkerung fanden. Während beispielsweise die Kartoffel in den ärmeren und unteren Schichten nach anfänglicher Zurückhaltung zu einem wichtigen Grundnahrungsmittel wurde, galt der Verzehr dieser Speise den Mitgliedern oberer Schichten lange Zeit als unzumutbar. Erst Verfeinerungen des Produkts steigerten dann allmählich die Akzeptanz.

Das 18. Jahrhundert kann als ein Jahrhundert der ökonomischen Theorien bezeichnet werden, die damaligen Abhandlungen befassen sich allerdings weniger mit Fragen des Konsums, sondern vor allem mit Fragen der Produktion. Die Sorge um die Ernährung einer wachsenden Bevölkerung dominierte auch den Gelehrtendiskurs. Der englische Pfarrer Thomas Malthus sah beispielsweise die Bevölkerungszahl in geometrischer Progression, den Bodenertrag dagegen nur in arithmetischer Progression steigen. Die Frage, wie große Bevölkerungsteile mit Lebensmitteln versorgt werden konnten, schien also immer dringlicher zu werden. Im Wesentlichen drei Veränderungen führten an der Wende vom 18. zum 19. Jahrhundert dazu, dass das Ernährungsproblem nicht in der befürchteten Weise auftrat:

- *Die Agrarrevolution:* Gemeint ist hiermit eine Steigerung der Produktivität durch einen Übergang zur Fruchtwechselwirtschaft, den Einsatz künstlicher Düngungsmethoden, die Mechanisierung der landwirtschaftlichen Produktion und neue Formen der Bodenverteilung.
- *Die Transportrevolution:* Die Erschließung neuer Märkte erfolgte über die Erschließung neuer Verkehrsinfrastrukturen (Eisenbahn, Schifffahrt usw.).
- *Der Aufstieg der Naturwissenschaften:* Konservierungstechniken, wie beispielsweise das Konservierungsverfahren des französischen Kochs Nicolas Francois Appert (1804), erhöhten die Haltbarkeit von Lebensmitteln; der Lagerungsprozess von Lebensmitteln wird durch die Entwicklung von Kältemaschinen in der zweiten Hälfte des 19. Jahrhunderts verlängert; durch die Entwicklung von Transport und Kühltechnik wird „die ganze Welt zum Obstgarten, zum Gemüsebeet und zur Viehkoppel des Verbrauchers gemacht." (König 2000, S. 154)

Diese Veränderungen sind – wie eingangs bereits erwähnt (siehe Kap. 3) – nach Werner Sombart als Emanzipation aus den Schranken der Natur beschreibbar. Wer also den Blick auf den historischen Wandel der Ernährung lenkt, denkt zunächst an die Verfügbarkeit. Hier führen der Wandel in der Produktion und der Wandel der Vertriebsformen zu Veränderungen in folgenden Bereichen:

- Zeitlich: Natürliche Zyklen werden durch die Ausweitung der Handelsketten überwunden.
- Sachlich: Diese Ausweitung vergrößert das Spektrum der verfügbaren Nahrungsmittel.
- Räumlich: Neue Nachfragekonstellationen beeinflussen die Bewirtschaftung der eigentlichen Nahrungsquellen.

- Sozial: Die Ernährung emanzipiert sich von klassischen Knappheitssituationen und eröffnet den Weg für neue Ernährungsformen. Zugleich wächst damit das Differenzierungspotenzial in und zwischen den sozialen Schichten.

So erweist sich etwas sehr Grundsätzliches als Ausgangspunkt für eine Vielzahl von Verfeinerungen: „Von allem nun, was den Menschen gemeinsam ist, ist das Gemeinsamste: daß sie essen und trinken müssen.", stellte Georg Simmel in seinem Essay „Soziologie der Mahlzeit" fest (1910, S. 1). Offenbar liegt hier ein kreatives Grundbedürfnis vor, das sich nur annähernd erfassen lässt, wenn zwischen dem Notwendigen und dem Überflüssigen unterschieden wird. (▶ s. Box 7) Essen und Trinken hat etwas Elementares, aber wird eben auch zu einem Mittel der Selbstbehauptung. Das vermeintlich Überflüssige wurde für viele Verbraucher erreichbarer. Diese verhältnismäßige Nivellierung hat langfristig nicht zu einer Uniformierung der Gesellschaft geführt. Die Erwartung, dass sich schichttypische Verhaltensstrukturen im Bereich des Verbrauchs und der Unterhaltung soweit anpassten, dass auch der Konsumgesellschaft ihre prägnanten Strukturen verloren gingen, hat sich nicht bestätigt. Daher ist die von René König beschriebene „Demokratisierung gewisser Ernährungsgüter" (König 1965, S. 502) der Ausgangspunkt einer neuen Differenzierung, die den Umgang mit Gütern des alltäglichen und außeralltäglichen Bedarfs widerspiegelt. Die Esskulturen verfeinern sich, die Spielarten weiten sich aus. Zwischen einer professionellen Elite und der Alltagsküche entwickeln sich viele Kanäle des Austauschs. Nun, da die wachsenden Dispositionsspielräume des Verbrauchers Optionenvielfalt Wirklichkeit werden lassen, wird auch deutlich, was Konsumentensouveränität bedeuten kann. Die Kaufkraft alleine ist nicht bestimmend, hinzu kommt das persönliche Engagement vor dem eigentlichen Verbrauch bzw. Genießen.

> **Box 7: Ein Bauer, vier Verbraucher**
>
> „Während um 1800 noch vier Bauern nötig waren, um einen nichtlandwirtschaftlichen Verbraucher zu ernähren, versorgte 100 Jahre später ein Bauer vier Verbraucher. Nahrungsmittel konnten zudem besser konserviert werden, unter anderem in Metalldosen, und technische Innovationen sorgten auch für eine Erweiterung des Angebots, etwa um Margarine, Backpulver, Kunsthonig und Milchpulver. Die Dynamik der industriellen Konserven-, Teigwaren- und Marmeladenproduktion, Liebigs Fleischextrakt oder die Erfindung der Kältemaschinen durch Carl von Linde 1874 garantierten eine nie da gewesene Versorgung breiter Bevölkerungsschichten und beschleunigten die Industrialisierung. Da zeitgleich Dampfschiffe die alten Segler abzulösen begannen, gelangten sogenannte Kolonialwaren – Gewürze, Kaffee, Tee, Kakao, Zucker oder auch Reis – zunehmend auf den Tisch einer Bevölkerungsmehrheit. Der Binnenhandel expandierte durch den Ausbau der Eisenbahn flächendeckend. Daher konnten Lebensmittel nun innerhalb der nationalen Netze in großem Stil gehandelt werden – vor allem Getreide, Gemüse, Wein, Bier oder auch Seefisch. Esskulturell wurde auf diese Weise im Kaiserreich, das die Phase der Hochindustrialisierung nach 1871 einläutete, aus einer Subsistenz- eine frühe Konsumgesellschaft; man ernährte sich noch primär aus dem Nahbereich, aber die Ferne – als nahe Stadt oder als exotische Kolonie – wurde zur Projektionsfläche für kulinarische Sehnsüchte."
> *Hirschfelder 2018, S. 8*

Als David Riesman in seinem 1950 erschienenen Bestseller „The Lonely Crowd" den amerikanischen Sozialcharakter als „außengeleitet"[1] beschrieb, diente ihm das Buch „The

---

[1] Nach Riesman ist der innengeleitete Mensch auf persönliche und verinnerlichte Werthaltungen prinzipieller Art bedacht, während der außengeleitete Mensch mehr und mehr dem Urteil seiner Mitwelt ausgesetzt wird und sein Verhalten an Fragen der sozialen Anerkennung ausrichtet.

Joy of Cooking" als Beispiel für das große Orientierungsbedürfnis der Konsumenten: Ratschläge rund um die Ernährung wurden kollektiv empfangen und geteilt, und ein gelungenes Dinner wurde am Urteil der Gäste gemessen, die zuvor selbst entsprechende Standards verinnerlicht hatten. Hier ein Ausschnitt aus seinen Beobachtungen: „Daß die richtigen Speisen auf den Tisch kamen, war man seiner gesellschaftlichen Stellung, seinem Anspruch auf soziales Prestige und später seinen Kenntnissen über Kalorien und Vitamine schuldig. […] So ist der außengeleitete Mensch darauf bedacht, nicht nur bei der Zubereitung der Speisen, die er seinen Gästen vorsetzt, eine kleine eigene Note zu entwickeln, sondern auch in der Art, wie er sich mit seinen Gästen darüber unterhält." (Riesman 1958, S. 154) Sein Blick auf die moderne Gesellschaft wurde in Europa intensiv diskutiert. Auch im 21. Jahrhundert bleibt diese Analyse von Bedeutung.

Nie zuvor war so viel von (gesunder) Ernährung, von abwechslungsreichem und ausgewogenem Essen die Rede. Als die Sorge um das tägliche Brot für die Mehrzahl der Menschen dem Gefühl von Selbstverständlichkeit wich und die reine Aufnahme von Nahrung zu einer Hintergrundbefriedigung wurde, verwandelten sich die defensiven Bedürfnisse in kreative. Man wollte nicht nur satt werden, sondern auch genießen.

Jedenfalls wird heute der Luxus des feinen und genüsslichen Essens auf so vielen Bühnen vorgeführt und nacherlebt, dass nicht nur beispielsweise der Schokoladenmarkt ein Spiegelbild unserer Gesellschaft abgeben könnte, sondern auch die Systemgastronomie in ihrer Differenzierungseuphorie, die Getränkekarten moderner Bistros/Cafés oder die zahlreichen TV-Formate, die uns geschriebene und ungeschriebene Kochrezepte visualisieren und vor allem der bürgerlichen Mitte verloren gegangenes Alltagswissen durch Anschauungsunterricht ersetzen.

Zugleich wandelt sich der Verbraucher zu einem aktiven Mitspieler, der am Gesetz der Wiederholung Spaß findet und das, was er selbst getestet und weiterentwickelt hat, anderen mitteilen möchte. Ernährungsdiskurse vollziehen sich auf vielen Ebenen, zur Philosophie der Fitness gehört die Fähigkeit, Geschmack zu dokumentieren und anderen Entscheidungen zu erleichtern. Neben den professionellen Restaurantkritiker tritt eine Schar von Amateuren, die mit Lob und Tadel ihre Umwelt prämieren. Mediale Schablonen werden übernommen oder modifiziert, mit einer eigenen Note versehen und damit individualisiert: ein Massenmarkt, der von kleinen Unterschieden lebt und den Konsumenten in der Gewissheit zurücklässt, dass es neben dem Können unter Umständen auch das Lernen aus etwas missratenen Versuchen ist, die ihm das Leben angenehmer machen – seien es die eigenen oder die der anderen. Für das Verhältnis von Anbietern (Gastronomie, Lebensmittelindustrie) und Nachfragern resultiert daraus eine eigentümliche Asymmetrie: Die einen wollen und müssen vieles dokumentieren und erdulden, die anderen scheinen mächtiger und verwirrter zugleich zu sein.

Der Stellenwert der Ernährung korrespondiert mit der Arbeit am eigenen Körper. In einer hochtechnisierten Welt sind auch hier neue Aktivitätsarenen entstanden, die persönlich und sozial von Bedeutung für die Körperwahrnehmung sind. Trainingsabläufe werden in Erlebnispakete geschnürt, die sich den Bedürfnissen anpassen und diese begleiten, häufig wiederum ganze Industrien ernähren und in Gang halten. Dennoch sind auch diese Verhaltensbereiche nicht frei von Rätseln, die selbst die Trendforschung zu Ausflüchten veranlassten. Faith Popcorn sagte 2007 in einem Interview: „Sie wissen das doch selber. Die Menschen sind sehr kompliziert." (Fischermann 2007), und reagierte damit auf die Beobachtung, dass die Leute meilenweit joggen, um anschließend ein viertel Pfund Eiscreme zu sich zu nehmen. Alle Belohnungen finden im Leben statt, nicht danach. Auch die ekstatische Askese, wie man in Anlehnung an Max Weber die durch Extremformen des Ausdauersports ausgelösten Gefühle beschreiben kann, sind neue Formen einer innerweltlichen Askese. Dass ich den Marathonlauf bewältigt habe, ist mir gewiss und bestätigt die Bindung an eine Idee, die über lange Zeit Ressourcen unterschiedlichster Art in Anspruch genommen hat. Das sind Formen moderner *life politics,* die sich im Sinne Zygmunt Baumans als Philosophie der Fitness bezeichnen lassen: „Das Individuum versucht, stets steigerbare Glückserfahrungen zu sammeln, die noch nicht ausprobiert wurden. [...]. Fitness bedeutet, auf alle möglichen Umstände gefasst zu sein." (Bauman 2005, S. 65) Also wird beständig an einer wichtigen Voraussetzung für Flexibilität gearbeitet.

Umso deutlicher wird, dass neben den sogenannten Grundbedürfnissen auch eine weitere, wesentlich wichtigere Bedürfnisorientierung berücksichtigt werden muss: Ansprüche. Diese Unterscheidung hat Hondrich vorgeschlagen und damit auf Unverzichtbares und Ersetzbares hingewiesen (vgl. Hondrich 1983, S. 62 f.) Bereits Keynes hat in seinen „Essays in Persuasion" vorgeschlagen, absolute und relative Bedürfnisse zu unterscheiden. Die absoluten Bedürfnisse seien jene, die wir ohne Rücksicht auf die Lage unserer Mitmenschen empfinden; relativ dagegen seien jene Formen von Befriedigungen, die uns ein Gefühl der Überlegenheit vermitteln. Von der ersten Kategorie glaubte Keynes, dass sie Dinge zusammenfasst, die gesättigt werden können, die zweite Kategorie von Wünschen erschien ihm als eine unersättliche (vgl. Keynes 1972 [zuerst 1931], S. 326). Unterscheidungen dieser Art finden sich in ähnlicher Form in zahlreichen Bedürfnistheorien. Auch die Maslowsche Bedürfnispyramide lässt sich in zeitlicher Perspektive als ein Kontinuum wechselnder

Bedürfnisrelevanzen interpretieren: mal haben Defizitbedürfnisse den Vorrang, mal Selbstverwirklichungs- oder Wachstumsbedürfnisse. Der Hinweis auf die zeitliche Dimension verdeutlicht des Weiteren, dass unsere Vorstellungen von Knappheit kein universelles oder gar anthropologisches Phänomen widerspiegeln. Knappheit resultiert aus den jeweils verfügbaren Ressourcen und stellt daher eine Systemeigenschaft dar: „Die Bedingungen der Produktivitätssteigerungen gehen offenbar Hand in Hand mit sozial erzeugten Erhöhungen von Ansprüchen, sodass die aufklärerische Hoffnung von der Vermehrbarkeit des Glücks durch die Verbesserung der Güterversorgung sich als illusionär erweist." (Hahn 1987, S. 121) Die Vorstellung von dringlichen und nicht-dringlichen Bedürfnissen kann daher nicht ohne Berücksichtigung des vorhandenen Alternativenreichtums interpretiert werden. Im Gegenteil: Knappheit entsteht stets neu und entwickelt sich parallel zu dieser Erfahrung. Damit bleibt Knappheit letztlich ein Phänomen, das aus Kostenbewusstsein in unterschiedlichen sozialen Kontexten entsteht.

Erfahrungen lenken also die Entscheidungen der Menschen. Ihre Präferenzen entwickeln sich in Interaktion mit ihrer Umwelt und sie versuchen diese Präferenzen unter Berücksichtigung der Handlungsbeschränkungen bzw. der gegebenen Möglichkeiten zu befriedigen. Der Hinweis auf die Umwelt impliziert viele Faktoren: die Veränderungen im näheren sozialen Umfeld (man denke an die relativen Bedürfnisse im Sinne von Keynes), die Vorstellungen, die man von der Entwicklung der eigenen Gesellschaft hat (diese sind häufig auch medienvermittelt), im Besonderen natürlich auch Informationen über neue Produkte, die wiederum über verschiedene Formen der Werbung, aber natürlich auch über zahlreiche unmittelbare oder durch dritte Personen vermittelte Erfahrungen gewonnen werden können. Das Produkt selbst ist über seine Verpackung zu einem immer aufwendiger gestalteten Kommunikationsmedium geworden. Aktive Verbraucherpolitik sorgt für Transparenz auf verschiedenen Ebenen: die Herkunft, die Rahmenbedingungen der Produktion, zahlreiche Indikatoren zum Nährwert, Haltbarkeit usw. Die Lebensmittelverpackung ist somit Information und Werbung zugleich. Der Verbraucher liest es oder liest es nicht. Ein Grundzweifel bleibt, weil, ob unabhängiges Testurteil oder nicht, die Informationen ggf. auch mit dem Hersteller selbst und seiner Marketingstrategie in Verbindung gebracht werden. Die Verbraucher hegen also eine Art Selbstzweifel, der sie daran hindert, die Informationen als wirklich zuverlässig und vertrauenswürdig zu betrachten.

In Gesellschaften, die immer reicher an Optionen bzw. Angeboten werden, wird das Erreichen des vollkommensten Lebenszwecks also zu einer neuen Herausforderung. Habermas meinte, dass dem einzelnen durch die Vielfalt der Wahlmöglichkeiten die Augen geöffnet werden. Zugleich erhöhe sich „das Risiko, Fehler zu machen. Aber es sind dann wenigstens die eigenen Fehler, aus denen sie etwas lernen können." (Habermas 1998, S. 127)

Ein besonderes Augenmerk fällt auf die Zubereitung von Speisen. Es gibt viele Formen, dem Kochen ein Umfeld zu verschaffen, das auch dem jeweiligen Anlass gerecht wird. Es ist ein Thema in den Massenmedien und den sozialen Medien. Die Kontinuität dieser Formate unterstreicht das Interesse und die Existenz eines Marktes für allerlei Empfehlungen und Handreichungen. Das Visuelle verschafft den Speisen den besonderen Reiz. Das besondere Ereignis und der Alltag werden gleichermaßen bedacht und bedient. Auch Lebensmittelketten verändern ihre Prospekte zu kleinen Magazinen und geben ihren Kunden gleich mit, was mit den eingekauften Waren so alles gelingen könnte.

Vor allem der Markt der Fertiggerichte und Koch- bzw. Foodboxen hat eine rasante Entwicklung genommen. Stand am Anfang die Lieferung von Tiefkühlprodukten in unterschiedlicher Portionierung, werben heute viele Lieferanten mit „perfekter Menüvielfalt". Teil dieses „customization"-Anliegens wurde rasch die Zunahme an Verpackungsmaterial, das aufseiten der Konsumenten die positive Bilanz dieses neuen „convenience"-Angebots veränderte und Anbieter noch stärker auf Nachhaltigkeit verpflichtet. In jeder Strategie scheint ein neuer Widerspruch angelegt zu sein.

Von einem Widerspruch sprachen auch Sullivan und Gershuny, als sie eine „cookery contradiction" (2004, S. 94) identifizierten. Damit sollte vor gut 20 Jahren verdeutlicht werden, dass jene, die eine teure Küche ihr Eigen nennen, auch überdurchschnittlich den Außer-Haus-Verzehr praktizieren. In Anlehnung an das bereits erwähnte und im Jahr 1857 formulierte Engelsche Gesetz (Der Anteil an den Gesamtausgaben zur Beschaffung von Nahrung ist umso höher, je ärmer eine Familie ist) müsste man hier formulieren: „Der prozentuale Anteil der Ausgaben für die Zubereitung von Mahlzeiten ist umso höher, je mehr der Haushalt verdient." Die Küche machte also auch hier den Unterschied. Nunmehr aber erfährt das Verhältnis von Innen und Außen eine neue Komponente. Denn wer den Lieferdienst wählt, lässt auch andere daran teilnehmen. Mag die Zunahme kleiner Haushalte zunächst einen Markt mit adäquater Portionierung geweckt haben, so inspirieren nun neue Geschäftsmodelle eine Mischung aus Fremd- und Selbstversorgung einerseits sowie singulärem und gemeinschaftlichem Konsum.

Hinzu kommt, dass eine bewusste Ernährung permanent eingefordert wird und selbst jene, die von der Fremdversorgung leben, ihre Werbung am Ziel „Gesundheit" ausrichten. Obwohl also so viel in die Unterstützung des souveränen Konsumenten investiert wird, wachsen parallel Märkte, die einen wachsenden Beratungsbedarf bedienen.

Im Ergebnis führen diese Entwicklungen zu einem kategorienreichen Feld mit einer hohen Kalorienvariation. Zwischen Slow Food und Fast Food haben sich viele Mischformen etabliert, die mal mehr, mal weniger persönliches Engagement verlangen. Als der amerikanische Soziologe George Ritzer im Jahr 1983 erstmals den Begriff McDonaldisierung verwandte, sollte nicht nur der Blick auf das schnelle Essen zu günstigen Preisen gelenkt werden. Mit McDonaldisierung meinte er einen Vorgang, durch den die Prinzipien der Fast Food-Restaurants in zunehmendem Maße alle Gesellschaftsbereiche erfassen. Gemeint sind somit Rationalisierungsprozesse auf der Seite der Produktion und der Seite des Konsums. Es sind im Wesentlichen vier Kriterien, die dieses Phänomen kennzeichnen:

- Effizienz – gesucht wird nach der optimalen Methode für eine standardisierte Zweck-Mittel-Relation, z. B. jemanden möglichst rasch aus dem Zustand des Hungers in den Zustand der Sättigung zu versetzen oder möglichst schnell von A nach B zu bringen;
- Quantifizierbarkeit und Berechenbarkeit – das Preis-Leistungsverhältnis ist an allen Verkaufsstellen gleich;
- Vorhersagbarkeit – gleiche Angebote und gleiche Serviceleistungen an allen Verkaufsorten der Welt;
- Kontrolle über Menschen – die Produktion und Distribution von Gütern bzw. Dienstleistungen ist durchrationalisiert. Die Idee einer wissenschaftlichen Betriebsführung (Taylorisierung) wird zu einem unumstößlichen Organisationsprinzip der menschlichen Arbeitskraft (vgl. Ritzer 1997, S. 27 ff.).

Eine Steigerung des von Ritzer beschriebenen Prinzips sieht Bosshart in dem Phänomen der Wal-Martisierung. Wal-Mart schafft die Strukturen für eine konsequente Durchrationalisierung der Lebenshaltung der Konsumenten. Die Expansion dieses Prinzips geht einher mit der Ausweitung von Beschäftigungsverhältnissen, deren finanzieller Ertrag für die jeweiligen Beschäftigten kaum etwas Anderes zulässt als an den Orten, die einem den Verdienst ermöglichen, sein Geld auch wieder auszugeben: „Es verkörpert die Philosophie von „schneller, besser, billiger" und „größer, globaler, standardisiert" am konsequentesten. Wal-Mart senkt Preise, weil es das kann. […] Wo wir auf der einen Seite von Bergen von günstigen Produkten für Kunden profitieren, beschleunigen wir auf der anderen Seite die Rationalisierung der Jobs in Richtung einerseits schlecht bezahlt, ungelernt, mit wenigen Karrierechancen und andererseits wenige Topjobs, die hervorragend bezahlt und spannend sind. Die Mitte verschwindet." (Bosshart 2004, S. 66 f.)

Zur Polarisierung der Märkte gehört gleichwohl die Binnendifferenzierung. Der bereits beschriebene Snob Appeal macht auch vor Mittel- und Niedrigpreis-Segmenten nicht halt. Premium-Marken etablieren sich zusätzlich im mittleren Preissegment. Gleichzeitig experimentieren Discounter mit Konzepten, die mit dem klassischen Hard-Discountmarkt kaum in Verbindung zu bringen sind: Regale anstelle von Paletten, anregende Beschriftungen, spezielle Nischen mit Verzicht auf Kartonware. Auch auf diese Weise wird der Gedanke einer gesellschaftlichen Mitte am Leben gehalten.

Dort ist auch die Heimat der Slow Food-Bewegung zu finden. Es handelt sich um eine Mitte der 1980er Jahre in Italien initiierte Küche, die sich gegen den Erfolg der Fast-Food-Küche wandte und diese Form einer Modernisierung des Kochens ablehnte: gegen künstliche

Vereinheitlichung, gegen konsequente Normierung und Geschmacksverschlechterung. Die Bewegung sensibilisiert für die Herkunft der Produkte und kennzeichnet sich durch einen regionalen Fokus. Es entstehen quasi viele kleinräumige Allianzen unter Berücksichtigung saisonaler Besonderheiten. Auch die Methode des Kochens besinnt sich auf Traditionen, auf das Handwerkliche, gegen die massen- und zweckorientierte Herstellung von Massenwaren: „Besondere Betonung liegt auf Biodiversität, der Bewahrung und Wiedereinführung von Arten und Sorten, die als für standardisierte Produktion und Verpackung ungeeignet ins Abseits gerieten." (Freedman 2007, S. 29) Nicht technische Eingriffe sollen die Geschmacksreize erweitern, sondern die Wiederbelebung rustikaler und volkstümlicher Gerichte. Die Zubereitung umfasst meist lange Garzeiten, woher sich auch der Name Slow Food ableitet, und es werden einfache, aber als besonders wertvoll deklarierte Nahrungsmittel eingesetzt. Die Slow Food-Kommunikation ist gut organisiert und setzt auf eingetragene Vereine, Fachmessen und die Idee gastronomischer Universitäten, z. B. in Piemont und Parma.

So findet auch in der Welt der Ernährung an vielen Stellen eine Abrechnung mit konkurrierenden „Küchenlehren" statt. In seinem Buch „Die Kultivierung des Appetits" spricht Stephen Mennell deshalb von „kulinarischem Pluralismus" (1988, S. 416). In dieser Vielfalt spiegeln sich somit ebenfalls die vielen Sichtweisen auf Kosten-Nutzen-Relationen.

8

„For good" – Der andere Konsum

Wer einen modernen Supermarkt betritt, ahnt ein wenig, warum für die Benennung dieses Orts ein umgangssprachliches Adjektiv verwandt wird. Wer „super" sagt, muss einen Flächenwert überschreiten und Handelsware zur (überwiegenden) Selbstbedienung anbieten. Wer vor so vielen Waren steht, mag rasch zu dem Ergebnis kommen: Für jeden etwas dabei. Also dürfte es mit dem anderen Konsum doch ein leichtes sein. Der Begriff meint hier selbstverständlich auch Konsumpfade jenseits des Massengeschmacks, also anders zu verbrauchen als der Durchschnitt. Der Durchschnitt ist gleichwohl zunächst eine statistische Größe, die Unterschiede nivellieren kann.

Dabei geht es gar nicht immer um das Wählen aus vorhandenen Angeboten. Historisch hat sich die Kritik an der Konsumgesellschaft stets an der Fehlleitung von Bedürfnissen orientiert und dem Überfluss die Besinnung auf das Notwendige entgegengesetzt. Seit den Anfängen der Konsumgesellschaft hat die auf Adam Smith (1723–1790) zurückgehende Feststellung, dass der Sinn und Zweck der Produktion im Konsum zu sehen ist, Kontroversen über Sinn und Zweck des kontinuierlichen Konsumierens ausgelöst. Dazu gehört die Kontrastierung dringlicher und weniger dringlicher Bedürfnisse ebenso wie die Verurteilung bewusst auffälliger (ostentativer) Formen des Verbrauchs, die mit einer bis heute andauernden und regelmäßig wieder aufgegriffenen Diskussion um Luxus und Verschwendung konfrontiert werden. In diesem Zusammenhang ist es immer auch die sinnstiftende Funktion des Verzichts gewesen, die der im Zuge des Erwerbs und Verbrauchs von Konsumgütern erwarteten Befriedigung entgegengehalten wurde. Die Aufforderung zur bewussten Entsagung geht selten mit einer passiven Haltung einher, sondern markiert eine Art Bekenntnis, das in vielen Varianten auftreten kann und auch Märkte kreiert, die diesen Bedürfnissen zuarbeiten. Das Fasten als zunächst religiös begründete Form der Enthaltsamkeit stellt sich nicht von selbst ein.

Wer fastet, der verzichtet. Wer verzichtet, muss aber nicht notwendigerweise fasten. Die religiös motivierte Askese, die den zeitweiligen, aber konsequenten Verzicht zum Pflichtprogramm eines inneren Reinigungsprozesses erhebt, ist heute kein Mehrheitsphänomen mehr. Bereits vor Jahren hat die Demoskopie der deutschen Bevölkerung attestiert, dass ihr der Sinn des Fastens abhandengekommen ist. Ethische Konsequenz, Zeit der Ruhe, Reinigung der Seele – das sind weniger vertraute Wertsphären. Wer denkt etwa noch an Jesus und die vierzig Tage in der Wüste oder an alttestamentarische Regeln, die den Verzehr von ungesäuertem Brot verlangen?

Die andere Seite der Medaille ist die Verweltlichung des Fastens. Prüfsteine für das eigene Leben werden heute in vielfältiger Form sozial vermittelt, in diversen Betätigungsfeldern unterstützt und als marktgängige Angebote geschickt umworben. Ein enthaltsames und bewusstes Leben ist dann ebenfalls Teil der bereits erwähnten Philosophie der Fitness – mit Ernährungs-, Bewegungs- und spirituellen Komponenten. Extreme Formen der Entsagung als Ausdruck einer Körperfeindlichkeit drängten im Falle des mittelalterlichen Mönchtums, je intensiver sie praktiziert wurden, den Einzelnen aus dem Alltagsleben heraus, heute aber wird Außeralltäglichkeit als Ausdruck des wirklichen Lebens beworben. Nur im ersten Fall dürfte eindeutig sein, dass die getroffene Entscheidung Verzicht mit sich bringt und einer tiefen religiösen Überzeugung entspringt. Dauerhafter Verzicht und das Einlassen auf ein einsames Leben wurden auch kaum mit zweckrationalen Kategorien beurteilt im Sinne der Kosten der besten Alternative, auf die man verzichten musste. Beides hat aber auch wenig gemeinsam mit der Übung um der Übung willen, mit leiblicher Ertüchtigung, die *askesis* im klassisch-hellenistischen Sinne meinte.

Die Maßstäbe und Erscheinungsformen von Verzicht folgen somit weder einem uniformen Muster noch sind sie historisch unverändert geblieben. Als Antwort auf unverhältnismäßige Formen des Verbrauchs von Gütern fällt aber durchaus noch die Redewendung „Mit Maß und Ziel" als empfohlenes Korrektiv. Man denkt bspw. an den weisen Trinker, aber auch an den vorausschauenden Planer, der nichts dem Zufall überlassen möchte. Disziplin zählt immer noch zu den Kardinaltugenden, aber die Tugend hat viele Gesichter und erfährt besonderen Zuspruch, weil gerade das Fehlen einer solchen nicht nur den Strolchen – wie wir von Wilhelm Busch wissen -, sondern auch ansonsten tadellosen Menschen Probleme bereiten kann. Gerade die unterschiedlichen Vorstellungen von Selbstverwirklichung vermögen die Vielfalt der Wegweiser zu einem erfüllten und glücklichen Leben verdeutlichen.

Dabei zeigt sich immer wieder, dass nicht viele Wege zum Ziel führen, sondern der Weg das Ziel ist und bleibt.

Fasten und Verzichten galten über viele Jahrhunderte als religiöse Gebote und schöpften ihre Anerkennung aus dem Glauben. Dass es aber gleichzeitig eine Vielzahl von Verboten gab, mag verdeutlichen, dass auch diese Glaubensvorschriften nicht ausschließlich aus sich selbst heraus überzeugen konnten. Die Luxusverbote im calvinistischen Genf und die warnenden Predigten in Florenz zur Zeit Savonarolas zeigen dies ebenso wie die Befürchtung des Dekans von Gloucester aus dem Jahr 1745: „[…] unser Volk ist trunken vom Kelch der Freiheit." (zit. nach Thompson 1973, S. 92) Die Puritaner sahen sich mit der säkularisierenden Wirkung des Besitzes konfrontiert, sodass John Wesley feststellen musste: „Ich fürchte: wo immer der Reichtum sich vermehrt hat, da hat der Gehalt an Religion in gleichem Maße abgenommen." (zit. nach Weber 1986 [zuerst 1920, S. 196]) Die Merkantilisten propagierten daher niedrige Löhne als Mittel gegen Müßiggang. Ein Jahrhundert später musste der britische Staatsmann Benjamin Disraeli feststellen: „Increased means and increased leisure are the two civilizers of man."

Das Durchbrechen von Alltagsroutinen durch ausgiebiges Feiern und „Teilzeit"-Askesen ist als soziales Phänomen somit nicht neu. Temporäres Fasten, so Ergebnisse des Instituts für Demoskopie Allensbach und weiterer Umfrageinstitute, ist unter Katholiken stärker verbreitet als unter Protestanten. Zu Beginn dieses Jahrtausends lag der Wert für Katholiken bei 36 %, für Protestanten bei 17. Die Zustimmungsraten schwanken, aber die Relation dürfte nach wie vor zutreffend sein. Die Differenz zwischen den Konfessionen korrespondiert mit einem Unterschied zwischen Ost- und Westdeutschland. Das Alter kommt als weiteres Unterscheidungsmerkmal hinzu. Je älter die Menschen, desto eher achten sie noch auf asketische Speisevorschriften. Der religiöse Sinn des Fastens ist dabei nicht immer vor Augen, auch Gesundheit und die Prüfung des eigenen Charakters spielen eine Rolle.

Erweitert hat sich die temporäre Bereitschaft zum Fasten. Wer also fragt: „Haben Sie schon einmal gefastet?", baut damit die Bezugnahme auf ein weites Spektrum auf. Häufig sind es Krankenkassen, die Studien zu dieser Bereitschaft in Auftrag geben. Der Konsumverzicht betrifft in erster Linie Fleisch, gefolgt von Alkohol und Rauchen. In der jüngeren Bevölkerung sind Auszeiten von bestimmten Gewohnheiten angestiegen. Eine Studie des Jahres 2024 ermittelte: 76 % der unter 30-Jährigen halten bestimmte Formen des Konsumverzichts für sinnvoll.[1] Kein Wunder also, dass angesichts des hohen Werts von einem neuen Trend gesprochen wird. Es soll hier nicht behauptet werden, dass auch solche Entscheidungen einer „Mode" folgen, aber es dürfte nicht ausschließlich um individuelle Bedürfnisse gehen.

Das Fastengebot ist somit noch nicht (völlig) aus dem Alltagsbewusstsein verschwunden. Fragt man nicht explizit nach der Fastenzeit, sondern nach Einstellungen zum Thema Fasten, wird das Spektrum der Motive noch deutlicher: Kontrolle des Körpergewichts, seelisches Gleichgewicht, Selbstkontrolle. Zugleich konkurrieren Ausdauerprogramme mit Angeboten, die rasch spürbare Effekte versprechen. Die Ernährungsweise gehört hierzu. Wer sich eine längere Auszeit nicht leisten kann, greift auf raschen Erfolg versprechende Diätpläne zurück und verordnet sich damit selbst Radikalkuren. Grundsätzlicher manifestiert sich dieses Streben nach Veränderung in Vorstellungen von

---

[1] Die DAK-Studie (https://www.dak.de/presse/bundesthemen/umfragen-studien/dak-studie-fasten-liegt-bei-jungen-menschen-im-trend_58650) wurde im Februar 2024 veröffentlicht.

Vollkommenheit, die sich in Schönheitsidealen bündeln. Diese Idealvorstellungen haben sich historisch gewandelt. Gesellschaften, denen es an Grundnahrungsmitteln fehlte, strebten eher nach „fulsome body types", während solche, denen es an nichts zu mangeln scheint, extreme Formen von Schlankheit anstreben (vgl. Brumberg 1994). Zumindest wird das heutige Ideal eines schlanken und sportlichen Körpers zu einer allgemeinen Norm erhoben. In diesen Wandel fügt sich, trotz erkennbarer Alternativbotschaften, die mediale Verherrlichung von Schlankheit. Die Arbeit am eigenen Körper – sie ist in einer hochtechnisierten Welt ein wichtiger Resonanzboden für Aktivität, weil man sich um die Nahrung nicht mehr sorgen muss. Was somit vordergründig zu einer „Hintergrundbefriedigung" geworden ist, ernährt ganze Industrien.

Daher ist man bei der Suche nach einem idealen Zustand nicht allein. Die Kanäle, die empfehlen und auf denen allerlei Rezepte und Trainingsprogramme bestimmend sind, gehören zu diesem Wettbewerb. Jene, die sich das gesunde Essen im Fernsehen oder auf anderen Plattformen ansehen, dabei diese und jene Vorteile zur Kenntnis nehmen, werden unentwegt angeregt, etwas Neues auszuprobieren. Alles erscheint in einem raffinierten und zugleich angenehmen Umfeld. Ohne explizite Bestellung wird kontinuierlich geliefert und immer wieder neue Orientierung gegeben – eine spezifische Variante einer Endlosserie.

Eine andere Form von Serie findet sich in Kampagnen, die mit Besinnungsappellen arbeiten. Platziert werden diese in der klassischen Fastenzeit. So etwa praktiziert es die Evangelische Kirche seit vielen Jahren mit der Kampagne „Sieben Wochen ohne…". Die Vorgaben sind vielfältig und reichen von „Verschwendung. Sieben Wochen ohne Geiz" bis „Großes Herz. Sieben Wochen ohne Enge". Hier liegt das Motiv in der Konzentration auf eine

Sache, die vielleicht auch mit dem Verzicht auf andere Dinge, die dann weniger Aufmerksamkeit erfahren, einhergehen kann.

Dieser Appell an mehr oder weniger altruistische Motive verspricht Zufriedenheit durch selbstloses Verhalten. Die Aussicht auf einen inneren Gewinn kann aber ebenso aus einer Orientierung an zweck- und wertrationalen Überlegungen resultieren. Unter dem Stichwort „Politischer Konsum" wird die Konsumwelt mit einem Verantwortungsauftrag konfrontiert und zu einem entsprechenden Wandel aufgefordert. Die Erwartungen an die Herstellung und Verbreitung von Produkten lenken Entscheidungen. „Corporate Social Responsibility" steht für dieses Pflichtenheft. Kaum hatte sich dieser Gedanke etabliert, zeigten sich Hinweise auf eine moralische Inflation des Marktgeschehens. Zur Rahmung des Konsums gehörte immer auch seine Einordnung in größere Zusammenhänge, seine Interpretation als eine ganz eigene sinnstiftende Ordnung. Der Kultur- und Konsumkritik wird dann beispielsweise die Funktion einer „Bußpredigt des Kapitalismus" zugeschrieben, das Marketing wiederum leistet Formulierungshilfen, um Produkten einen magischen Status zu verleihen. Das Leistungsspektrum erweitert sich, Produkte werden zu „Philosophenschulen". Norbert Bolz hat diese Formulierungen in seinem „Konsumistischen Manifest" gewählt (Bolz 2002, S. 106, 121). Die Integration oder Neuausrichtung des Konsums auf Nachhaltigkeit verdeutlicht dieses Bedürfnis nach einer semantischen Rahmung in besonderer Weise. Während die Signale aus der Umwelt die Verbraucher irritieren und in Sorge versetzen, wird dieser Dimension einer Entzauberung der Welt mit einem Hauch von „Wiederverzauberung" begegnet, indem nun allerlei Informationen über die Herkunft, die Zusammensetzung, die Lieferketten, die Wiederverwertung usw. Teil der Produktqualität werden. Der Mehrwert des Konsums kann weiterhin Gefallen und Statusbestätigung sein, aber das Produkt oder die Dienstleistung signalisiert und verkörpert das moralische Bewusstsein einer Konsumentenschaft, die, wenn es um anderen Konsum geht, dem radikalen Umbruch aus dem Weg gehen möchte. Auch die Welt der Finanzdienstleistungen übernimmt hier eine Steuerungsfunktion, indem dort Regeln für In und Out formuliert werden, die die Struktur von Aktienmärkten und anderen Geldanlagevarianten bestimmen. Ein Unternehmen, das diese Voraussetzungen nicht erfüllt, darf dann nicht Teil des Portfolios sein. Lokal, regional, national, international – die Zahl der dokumentierten und als verbindlich erklärten Selbstverpflichtungen hat signifikant zugenommen.

Diese Zielerweiterung des Konsumierens findet in der Formel „Shopping for a better world" eine markante Botschaft: verantwortlicher Konsum auf unterschiedlichen Konsumniveaus, quasi verschiedene Varianten eines Lifestyle of Health and Sustainability (Lohas). Seit mehr als zwei Jahrzehnten steht dieses Akronym für Gesundheitsbewusstsein und Nachhaltigkeit im Konsum. Es wird insbesondere dort erwartet, wo sich überdurchschnittliches Einkommen findet. (▶ s. Box 8)

Box 8: Lesarten eines Konsumstils – Auszüge aus einem Konferenzbericht zu Lohas

„Was Lohas verbinde, heißt es generell in der Literatur, sei die Integration bisher als widersprüchlich angesehener Bedürfnisse wie Nachhaltigkeit und Genuss, Umweltorientierung und Design, Ethik und Luxus. Man ahnt es: Es ist einfach, sich über das lustig zu machen, was die Lohas-Propagandisten positiv beschreiben – ein Leben, das Widersprüche zusammenführt."

Eine Auftragsstudie zur Konsum-Ethik komme „zu dem freundlichen Schluss, dass aus dem ideologischen und gesellschaftspolitischen Thema „Ökologie" oder „Nachhaltig-

> keit" zwar ein egozentrierter „Wohlfühlfaktor" geworden sei, dass dieser aber wohl stärker zur Verbreitung umweltgerechter Verhaltensweisen beitrage als Jahrzehnte angestrengter Umweltbildungsmaßnahmen. Vor allem hätten sie das Thema in die „Mitte der Gesellschaft" gebracht."
> *Unfried 2007*

Aber auch hier lassen sich Trickle down-Effekte in Preissegmente beobachten, die von einem anderen Preisbewusstsein bestimmt sind. Abstinenz hat in dieser Logik des Billigen keinen Platz. Also begegnet man auch dort den Werte-Botschaften. So bestätigt sich, dass extreme Formen des Verzichts häufig Gefahr laufen, Opfer eines kommerziellen Realismus zu werden. Kaufen ist viel zu banal, es wird zu einem Wettbewerb um die beste Preis-Leistungs-Relation. Die Vielfalt erfasst auch die Nachhaltigkeit. Sie dominiert als zentrales Ziel eines bewussteren Lebens das Mensch-Umwelt-Verhältnis auf vielen Ebenen.

Die beschriebene Mischung aus Konsumbereitschaft, Konsumzurückhaltung und Konsumkritik ist ein weiterer Beleg für die tiefe Ambivalenz des Verbrauchers, das als ein Wesensmerkmal der Konsumgesellschaft bereits beschrieben wurde. Sie führte langfristig zu Situationen, in denen gute Entscheidungen knapp sind. Es gibt zwar eine Unmenge an Ratgebern, aber eben auch eine Unmenge an Möglichkeiten. Als der Soziologe Gerhard Schulze dieses Thema aufgriff, galt zumindest für bestimmte Milieus der zügellose Hedonismus als Antwort auf das Erlebnisprojekt des ausgehenden 20. Jahrhunderts. Es wird einem nicht mehr gesagt, was man tun soll. Man verpflichtet und bindet sich selbst an bestimmte Programme, die auf dem Markt der Optionen zu haben sind. Habermas nannte es Öffnungsimpulse, die „von neuen Märkten, Kommunikationsmitteln, Verkehrswegen und kulturellen Vernetzungen aus[gehen]" (Habermas 1998, S. 126). Während die „Spaßgesellschaft" noch in der klassischen Wachstumseuphorie verhaftet war, ist die heutige Situation am ehesten als eine Gesellschaft vielfältiger „Minimalismus"-Strategen beschreibbar, die – wie könnte es anders sein – dadurch ihr Leben optimieren wollen.

Das gilt auch für das bereits angesprochene Feld des Rebellischen. Aus der Ablehnung unreflektierter Konsummuster sind viele neue Teilmärkte entstanden, die, so das Credo der Analyse von Heath und Potter, über ihr eigenes Regelwerk neue Konsumstandards und -regeln schaffen. Die Ablehnung kann in Ungerechtigkeiten und einem tiefen Bedürfnis nach Selbstbestimmung im Sinne einer Loslösung von Marktabhängigkeit in allen Lebenslagen begründet sein. Sich auf das Notwendige zu beschränken, führt unweigerlich zu Diskussionen über den dafür zu wählenden Maßstab und Vergleich. Spielarten eines romantischen Primitivismus führten beispielsweise zur Formulierung eines Fortschrittsparadoxes: Zu den auffälligsten Gefühlsäußerungen der Moderne gehört die Bewunderung des einfachen Lebens (vgl. Sandall 2005, S. 1042). Eine tiefgreifende Revolte der „Gesättigten" gegen den Wohlstand findet nicht statt. Zumindest kann nicht ausgeschlossen werden, dass eine im Kern alternative Idee vom Markt, der verändert werden soll, selbst unterlaufen wird. Auch über diese Strategie bekommt Verzicht viele Gesichter. Man zieht nicht den Pullover des älteren Bruders an (der häufig auch gar nicht mehr vorhanden ist), sondern erwirbt ausschließlich „fair trade"-Produkte, die „environmentally safe" sind. Dinge, die einem hinterlassen werden, landen vermehrt auf Trödelmärkten oder in Second Hand-Läden. Diese wiederum werden nun auch in First Hand-Läden integriert.

Verzicht lebt also von moderaten und radikalen Varianten. Er lässt sich differenzieren im Hinblick auf die angestrebte Dauer, er manifestiert sich in zahlreichen Alternativformen des Konsums, vereint Selbstinteresse und Aufforderungssignale an Dritte, spannt sich über das gesamte gesellschaftliche Spektrum und passt sich den Reduktionsmöglichkeiten der Verbraucherschichten an. Der Wahlspruch des US-amerikanischen Pädagogen und Philosophen Henry David Thoreau spiegelte seine Vorstellung von einem einfachen Leben wider: „Der Mensch ist reich in Proportion zu den Dingen, die sein zu lassen er sich leisten kann." Die Wahlkomponente dieser Feststellung mag erklären, dass der Mensch auch im Prozess des Entsagens nach Vielfalt sucht. Der „Markt des Verzichts" bestätigt es. Wer in einem geselligen Kreis „Ich verzichte gerne" sagt und damit seine Präferenzen zugunsten eines anderen zurückstellt, signalisiert damit eine temporäre Bereitschaft, gepaart mit Selbstzufriedenheit. Er/Sie muss das nicht haben, weil die Lebensqualität durch diesen Ausfall nicht wirklich beeinträchtigt wird.

Gelegentlich mögen solche Entscheidungen auch von einem zeitlichen Faktor getragen werden. Die „Wechsel-Wirtschaft", von der bereits mit Kierkegaard die Rede war, setzt auf den Austausch von Produkten und Dienstleistungen, produziert und suggeriert das Neue und entwertet damit unentwegt das Alte. Gerade die Mode, die vom Kommen und Gehen lebt, bietet hier eine Angriffsfläche. Die Entstehung von Sweatshops in Billiglohnländern hat einen Fast Fashion-Markt entstehen lassen, der keine Geduld mehr kennt. Was eben noch als schön und Up-to-Date gelten sollte, darf morgen bereits seine Dienste einstellen. Die Produktionsbedingungen in dieser Industrie, dramatische Unfälle mit Todesfällen, extrem negative Begleiterscheinungen für die Umwelt (Mikroplastik, hohe Abfallmengen, hoher Wasserverbrauch) haben den Kampf für nachhaltige Mode befeuert. New Fashion soll sich durch „low environmental costs" auszeichnen. Mit „Upcycling" wird an neue Lebenszyklen für Produkte appelliert, die eigentlich ausgedient haben. Gegen den Wechsel wird hier die Verlängerung gesetzt. Oder der Wechsel soll so gestaltet sein, dass ein altes Kleid in neuem Gewand erscheint. An Begriffen fehlt es nicht: Re-Fashion gibt Altkleidersammlungen einen besonderen Appeal. Mit dem Buch „Fashionopolis" (2019) ist Dana Thomas dieser Umweltsünde mit fundamentalen Fragen an die Zukunft unserer Kleidung („future of clothes") begegnet. Diese Zukunft soll von vielen Grassroots-Initiativen leben, kennt aber ebenfalls die qualitative Differenzierung. Auch in diesem Konsumsektor entstehen Mode-Label, die von prominenten Namen getragen und begleitet werden. Dort leben die Gesetze der Mode in einem verlangsamten Tempo fort. Bei Joachim Ringelnatz hieß es bereits vor langer Zeit: „Durch das Weltall sei's gejodelt, allen Schneidern zum Gewinn: Mode lebt und Leben modelt, und so haben beide Sinn."

Die Intention, die Lebensdauer von Produkten zu verlängern, ist nicht auf das Feld der Mode begrenzt. „Lebensmittelwertschätzung" steht für zahlreiche Initiativen gegen eine Wegwerfgesellschaft. „Fairteiler" eröffnen den Zugang zu Lebensmitteln, die das Ablaufdatum überschritten haben. Alternative Formulierungen wie „Qualität garantiert bis …" sollen für einen höheren Verbrauch gekaufter Waren sorgen, Foodsharing steht für eine Bewegung, die international zur Rettung von Nahrungsmitteln aufruft, „Containern" rettet Lebensmittel aus dem Müll, die Tafeln geben Lebensmittel an Bezugsberechtigte weiter. Der Lebensmitteleinzelhandel integriert die Ware, die am nächsten Tag nicht mehr in der Auslage erscheinen wird, in ihr Geschäftsmodell. Über eine App können Kunden diese Produkte zu einem deutlich reduzierten Preis zu einer vorgegebenen Uhrzeit erwerben. Auch dieses

Initiativenfeld wächst und verlängert den Lebenszyklus der Waren. Insgesamt entsteht auch hier ein Markt.

Ursprünglich sollte der Begriff „Prosument" eine Verschränkung des Produzierens und Konsumierens beschreiben. Nunmehr ließe sich das „Pro" auch als Präfix für zahlreiche Formen der Besinnung auf die Rahmenbedingungen der modernen Konsumgesellschaft lesen. Die Aufmerksamkeit gegenüber Fehlentwicklungen steigt, zugleich bewirkt die Kritik neue kreative Impulse. Die Do-it-Yourself-Bewegung der 1960er Jahre inspiriert mit ihrem Gedanken: Nicht nur verbrauchen, auch mitwirken. Immer wieder ist auf das Bedürfnis des Menschen, seinen Erhaltungsinstinkt auch mit tätigem Handeln zu unterstreichen, hingewiesen worden. Veblen sprach von dem Werkinstinkt. Das Produktive und Nützliche wird geschätzt, Vergeudung wird abgelehnt. Repair-Cafés dienten anfänglich dem, was der Name sagt: Es soll etwas repariert werden. Psychologisch wirkt das Reparieren aber wie eine Produktrettung. Dieses lebt länger und zugleich wird menschliche Arbeit wertgeschätzt. Die Lernwerkstatt-Atmosphäre kann Sachunterricht in entspannter Atmosphäre zur Folge haben. Nebenbei setzt man Zeichen gegen die Verbrauchsregeln der Konsumgesellschaft. Die Rettung eines Produkts kann ökonomische Gründe haben – und nicht immer ist das Reparieren auch sinnvoll -, manchmal ist es auch das Reparieren selbst, das die Menschen zusammenführt. Hinzu kommen studentische Initiativen, Nachbarschaftshilfen, auch das politische Regelwerk zielt beispielsweise auf die Gewährleistung von Ersatzteilgarantien.

Wer in der Literatur daher auf den Begriff „Anti-Konsum" trifft, wird mit kreativen Formen des Nötigen konfrontiert. So werden in der „Consciousness for Sustainable

Consumption Scale" ökologische, soziale und ökonomische Bedingungen des Konsums gebündelt und gemessen (vgl. Ziesemer u. a. 2016). Das Teilen, das Mieten anstelle des Besitzens usw. nimmt an Bekanntheit zu und bündelt gemeinsame Konsum- und/oder Unterstützungsformen auf zahlreichen elektronischen Plattformen: vom Selbsthilfenetzwerk für praktische Dinge bis hin zu Sharing-Modellen für Haushalt und Mobilität. Je stärker solche Initiativen auf das Erreichen einer kritischen Masse angewiesen sind, desto eher bewegen sich diese Programme in städtischen oder großstädtischen Umgebungen bzw. in Ballungsräumen.

Verzicht und alternative Formen des Verbrauchs halten die Welt des Konsums somit ebenfalls in Bewegung. Das Fasten in seiner ursprünglichen Form ist nicht verschwunden, aber weniger dominant. Neben dem religiös motivierten Verzicht hält die moderne Gesellschaft viele innerweltliche Orientierungs- und Nachahmungsangebote bereit, die dem Entsagen mal eine unanstrengende, mal eine anstrengendere Form geben möchte. Bescheidenheit soll ohne nachhaltigen Verzicht, Konsum ohne schlechtes Gewissen möglich sein, Wohlbefinden stellt sich durch geringen oder hohen körperlichen Aufwand ein. Die Selbstverwirklichung auf breiter Front will Vielfalt auch dort, wo es eigentlich um Verzicht geht. Im Zentrum steht die Vollendung eines langen Lebens, dem es dennoch immer wieder an Zeit zu mangeln scheint.

Aufschlussreich ist in diesem Zusammenhang eine Karikatur,[2] die zwei Nachbarn vor ihrem Grundstück zeigt

---

[2] Karikatur gefunden bei www.climatechange20.commons.gc.cuny.edu.

8 „For good" – Der andere Konsum

Quelle: www.climatechange20.commons.gc.cuny.edu

Abb. 8.1 Zwei Seiten der Nachhaltigkeit

(siehe Abb. 8.1). Sie unterhalten sich über ihre Nachhaltigkeitsphilosophie. Der eine sagt: „Wir schützen die Umwelt, indem wir weniger konsumieren". Der zweite, umgeben von einem Müllberg: „Wir schützen die Umwelt, indem wir viele umweltfreundliche Produkte konsumieren." So gegensätzlich können die Antworten auf eine Moralisierung des Marktes sein.

9

„Ein Gefühl von Freiheit" – Konsumentenleitbilder

Die Werbung wählt gerne den direkten Weg. Sie spricht den Konsumenten als Individuum an und vermittelt damit eine emotional angenehme Rahmung. Als könne man all die Umweltfaktoren – auch die gerade beschriebene moralische Ausweitung des Produktnutzens – als Randbedingungen von Kaufentscheidungen nach Belieben in den eigenen Entscheidungsprozess integrieren. Als könne man mit dem Betreten eines Kaufhauses oder Supermarkts ganz für sich sein, in einer „Freihandelsatmosphäre" schweben und Bedürfnisse mit Garanten der Erfüllung zufriedenstellen.

Vor dem Regal oder vor den Auslagen müssten danach alle Menschen gleich sein, auch gleich in der Erfahrung, dass angesichts der meist vielen Optionen nach jeder getroffenen Entscheidung das beunruhigende Gefühl bleibt, eine vielleicht bessere Möglichkeit nicht genutzt zu haben. In einem Interview äußerte der Konsumforscher Gerhard Scherhorn im Jahr 1993 unter anderem die Auffassung, dass das Kaufen für viele Menschen der einzige Bereich sei, „in dem sie noch das Gefühl haben, frei entscheiden zu können." (N.N. 1993, S. 26) (▶ s. Box 9)

> **Box 9: Freie Entscheidungen? Ein Interview mit Gerhard Scherhorn**
>
> PH*: (...) Der Shopping-Wunsch als historische Schubkraft – das Kaufenwollen als anthropologische Konstante? Ist nicht der Markt der eigentliche Treffpunkt der Menschen, der Mittelpunkt unserer Zivilisation?
>
> Scherhorn: Ja, ich denke das stimmt schon. Dieser tiefverankerte Wunsch, diese anthropologische Konstante läßt sich auch bezeichnen: es ist das Bedürfnis nach selbstbestimmter, freier Entscheidung, letztlich also nach kompetentem Umgang mit der Umwelt. In einer konsumbetonten Umwelt richtet sich viel Kompetenz auf das Kaufen. Und der Kaufakt wird ideologisch entsprechend aufgewertet als Zeichen von Freiheit und Selbständigkeit...
>
> PH: „Die Freiheit nehm' ich mir", läßt eine Kreditkartenfirma singen...
>
> Scherhorn: ... und dieser Bereich ist heute für viele Menschen tatsächlich fast der einzige, in dem sie noch das Gefühl haben, frei entscheiden zu können. Das Problem ist nur, daß es in den meisten Fällen gar keine freien Entscheidungen sind. Wenn ich als Kriterium für einen selbstbestimmten Kauf zugrundelege, daß man sich ernstlich überlegt hat, das Gut überhaupt nicht zu kaufen, dann sind die meisten Konsumakte keine wirklich freien Entscheidungen. Denn es steht von vornherein fest, daß das Gut gebraucht wird, und diese Überzeugung zu vermitteln, ist das eigentliche Ziel aller Werbeanstrengungen: Du brauchst das!
>
> PH: Nun stehen wir aber vor einer wirtschaftlichen Rezession, die Arbeitslosigkeit nimmt weiter zu und viele müssen mit sinkenden Haushaltsnettoeinkommen rechnen...
>
> Scherhorn: ... und Sie werden gerade jetzt, in einer solchen Rezession, erleben, daß Politiker und Wirtschaftsführer auf uns einreden, es sei geradezu unsere soziale Pflicht, zu kaufen und zu konsumieren!
>
> *N.N. 1993, S. 26 (*Psychologie heute)*

Das Interview, das der Konsumforscher Scherhorn in den 1990er Jahren gab, erinnert an bekannte Slogans, aber auch an Impulsgeber mit Appellcharakter. Die in diesem Buch bereits erwähnte Unterscheidung absoluter und relativer Bedürfnisse verdeutlicht zudem den Einfluss, den das Umfeld als Entscheidungshilfe hinzufügt. Die Produzenten selbst sind etwa darum bemüht, die Bedürfnisse immer wieder neu zu stimulieren und zu erzeugen. Der Status von Gütern resultiert dabei nicht nur aus der Konkurrenz zwischen Menschen, sondern auch aus einer Hervorhebung des mit dem Verbrauch der Güter einhergehenden Zusatznutzens. Dadurch entsteht ein Wechselspiel von Angebot und Nachfrage. Es ist in der Regel an den Produzenten, Angebote zu entwickeln, die (latent vorhandene) Bedürfnisse der Konsumenten wecken können. In der amerikanischen Konsumforschung der 1950er Jahre war deshalb die Auffassung populär, dass die systematische Schaffung von Unzufriedenheit dazu beigetragen habe, die wirtschaftliche Entwicklung Amerikas zu forcieren. Neben diesem Faktor wirken aber sicher auch die Vorzüge der Massenproduktion, die dazu führte, dass eine Vielzahl von Standardprodukten nach und nach in unterschiedlichen Variationen zu vergleichsweise günstigen Preisen auf den Markt gelangte. Die Wirtschafts- und Sozialgeschichte spricht für die Bundesrepublik Deutschland von einem „Zeitalter des Massenkonsums", das von 1950–1970 reicht. In dieser Wiederaufbauphase, die auch als „Wirtschaftswunder" apostrophiert wurde, sind durchschnittliche jährliche Wachstumsraten (Bruttoinlandsprodukt pro Kopf) von 4 % gemessen worden (vgl. Schramm 2017, S. 39).

In Verbindung mit der Orientierung an Massenprodukten ist gleichsam das Bedürfnis nach Abwechslung entstanden. Wer sich im Bereich des Massenkonsums wohl fühlt und damit auch zu einem homogenen Erscheinungsbild der Gesellschaft insgesamt beiträgt bzw. innerhalb der jeweiligen sozialen Schichten, genießt hinsichtlich der Verbrauchsmöglichkeiten jedenfalls Vorteile, die durch Oberflächendifferenzierung der Vorstellung eines anderen Konsums bereits gerecht wird.

Das Individuelle sucht also immer nach einer Referenz, es lebt von dem Vergleich mit anderen Konsumentscheidungen. Zweckrationales Handeln heißt daher häufig, dass kalkulierte Wahlakte in Situationen beobachtet werden können, die als Rahmenbedingungen selbst in die Kalkulation Eingang finden. Allgemein gesprochen könnte man auch sagen: Die Logik der jeweiligen Situation bestimmt die Logik der Selektion. In einer langfristigen Perspektive lässt sich dieser Zusammenhang beispielsweise an der ökonomischen Entwicklung im Sinne des Bereitstellens von Produkten und Dienstleistungen und der Entwicklung der Kaufkraft veranschaulichen. Während in den 1950er Jahren zum Beispiel in der Bundesrepublik Deutschland die Konzentration des Verbrauchs auf die Wiederbeschaffung lebensnotwendiger Produkte konzentriert war, galt für die 1960er Jahre eine verstärkte Nachfrage nach Einrichtungsgegenständen für Wohnung und Haus, darüber hinaus nach Personenkraftwagen. In den 1970er Jahren folgte dann eine Phase, in der insbesondere der allmählich expandierende Freizeitmarkt entsprechende Ausgabenzuwächse verzeichnen konnte, zum Beispiel für Unterhaltungselektronik, aber auch für sportliche Aktivitäten. Dieser Trend hat sich in den 80er und 90er Jahren fortgesetzt, wobei durch neue Telekommunikationsangebote gerade die Ausgaben im Bereich von Information und Kommunikation anstiegen. Diese langfristigen Entwicklungen verdeutlichen auch unzweifelhaft die Bedeutung des Faktors „Kaufkraft". Das jeweils verfügbare Einkommen stellt in den Haushalten die entscheidende Bestimmungsgröße für die beobachtbaren Konsumstrukturen dar. Dennoch ist auch innerhalb dieser Konsumstrukturen keine Homogenität zu konstatieren, sondern eine wachsende Produktvielfalt, die selbst wieder Ausgangspunkt für zahlreiche Bemühungen um Distinktion, aber auch Herstellung von Gemeinsamkeiten sein kann.

Zu den Gemeinsamkeiten gehört, dass auch in der Welt des Konsums das Lob der Routine zu hören ist. Jedenfalls wird nicht unentwegt kalkuliert und abgewogen. Es mag sein, dass dadurch das Bereuen einer falschen Entscheidung umgangen oder schlicht die Wahrscheinlichkeit von Enttäuschungen minimiert werden soll. Eine Differenzierung der Entscheidungen des Konsumenten nach dem zu beobachtenden Aufwand lässt jedenfalls Anknüpfungspunkte an die Verbindung von Situation und Selektion erkennen. Sogenannte Impulskäufe resultieren beispielsweise aus sehr kurzfristigen Stimulus-Response-Konstellationen; entschieden wird unmittelbar, aus einer Laune heraus. Spontankäufe sind also Entscheidungen, die zunächst nicht geplant waren, die in ihren Folgewirkungen aber auch von geringer Bedeutung sein werden. Diese Impulskäufe binden in der Regel keine großen Anteile der verfügbaren Kaufkraft. Impulsive Käufe können durchaus der Anfang einer längeren Bindung an bestimmte Produkte sein, weil aus dem spontanen Urteil „Oh, das gefällt mir!" im Falle der Bestätigung des Eindrucks Wiederholungskäufe resultieren können. Sogenannte Gewohnheitskäufe können daher durchaus auch das Resultat ursprünglich nicht geplanter Handlungen sein. In der Regel geht man aber davon aus, dass Gewohnheitsentscheidungen (auch habitualisierte Entscheidungen genannt) ursprünglich auf der Basis eines hohen Informationsaufwands entstanden sind. Konsumenten vergleichen also eine Vielzahl von Produkten und Anbietern, sie informieren sich auf verschiedenen Ebenen und treffen dann eine wohlüberlegte Entscheidung. Gewohnheitskäufe schlagen sich dann nieder in einer Bindung an einen Kern von Produkten und Dienstleistungen. Dadurch verringert sich die Varianz der Entscheidungen. An die Stelle eines „Maximizing" tritt dann ein „Satisficing". Diese Phänomene lassen sich beispielsweise beim Autokauf (wenn der Käufer einer bestimmten Marke „treu" bleibt), aber auch beispielsweise bei dem Phänomen ‚wiederholter Besuch von Urlaubsregionen' beobachten. Die Konsumentenforschung spricht daher auch von verschiedenen Varianten vereinfachter Entscheidungen (vgl. Boltz und Trommsdorff 2022, S. 290). Markentreue kann sich dabei auch zu einer Gewohnheit verwandeln, von der erst abgewichen wird, wenn sich ein Bedürfnis nach Abwechslung meldet. Zu der viel beschriebenen Komplexitätsreduktion gehört aber auch, dass die Gewohnheit vor Risiken zu schützen scheint. Und je komplizierte Entscheidungen werden, desto eher wird „Brand Loyalty" dem „Variety-Seeking" vorgezogen (ausführlich hierzu Solomon 2020, S. 182 ff.). Jedenfalls begleitet die Vorstellung eines Markenbewusstseins die Geschichte der Konsumgesellschaft. Aus diesem „Markenlatein" im Folgenden wenige prominente Stimmen (▶ s. Box 10).

> **Box 10: Das Wesen der Marke – Expertenurteile**
>
> „Es gibt keinen signifikanten Unterschied zwischen den verschiedenen Whiskey-, Zigaretten- oder Biermarken. Sie sind alle ungefähr gleich. Das Gleiche gilt für die Backmischungen, die Waschmittel und die Margarinen. […] Der Hersteller, der seine Werbung darauf ausrichtet, eine möglichst scharf definierte Persönlichkeit für seine Marke aufzubauen, wird den größten Marktanteil und den höchsten Gewinn erzielen."
> *David Ogilvy (1911–1999), britischer Werbepionier*
>
> „Nicht die Werbung soll bewußt werden, sondern das Markenvertrauen soll unterbewußt gestärkt werden."

9 „Ein Gefühl von Freiheit" – Konsumentenleitbilder

> *Hans Domizlaff (1892–1971), Begründer der Markentechnik*
>
> „Es ist ganz schwierig, Produkte für Zielgruppen zu entwickeln. Sehr oft wissen die Menschen gar nicht was sie wollen – bis du es ihnen gezeigt hast."
> *Steve Jobs (1955–2011), Mitbegründer von Apple Inc.*

Die Entscheidung, der beschriebenen Komplexität aus dem Weg zu gehen, ist eben auch Teil der Konsumrealität – und nicht nur dieser. Die Entscheidungen, die wir treffen (müssen), sind unterschiedlich komplex und in zeitlicher Hinsicht von unterschiedlicher Relevanz. Coleman beispielsweise hat damit verbundene Strategien wie folgt beschrieben. Ein Akteur „kann sich auf eine umfassende Suche nach Informationen begeben, insbesondere, wenn die Entscheidung bedeutsame Folgen für die Person haben wird, weil es sich zum Beispiel um den Kauf eines langfristigen Konsumguts – beispielsweise eines Autos – handelt. Wenn die Entscheidung keine bedeutsamen Folgen nach sich zieht und es zum Beispiel darum geht, ob man einen Joghurt für 79 Pfennig oder 89 Pfennig kaufen soll, bzw. wenn es allgemeiner gesagt um den Kauf eines kurzfristigen Konsumgutes geht, bei dem man sich bei dem nächsten Mal für die andere Marke entscheiden kann, dann sollte man nicht erst lange Informationen einholen, weil dies Kosten macht und die kostenwirksamste Methode, sich zu informieren, darin besteht, den Artikel zu kaufen (oder vielleicht sogar beide) und aus der eigenen Erfahrung zu lernen." (Coleman 1991, S. 308) Von Pfennigen sprechen wir heute nicht mehr. Aber das Beispiel behält seine Bedeutung. Denn in Low Cost-Situationen können nicht-optimale Entscheidungen von geringer Bedeutung sein, während High Cost-Situationen nicht-optimale Entscheidungsfindungen bestrafen und individuelle Rechtfertigungskaskaden nach sich ziehen. Dazu gehören typischerweise die folgenden Reaktionsmuster:

- Unverwundbarkeit: Die Ursachen für die eigenen Fehler werden in den Umständen gesucht. Gefragt, wie es sich bei anderen verhält, werden dort eher persönliche Fehlleistungen erwartet. Eine ähnliche Konstellation beschreibt auch der Third Person-Effekt, der aus der medienpsychologischen Forschung stammt. Hier wird beschrieben, dass die persönliche Beeinflussung durch bestimmte Medienangebote (z. B. Werbung) auf Dritte zutrifft, aber selbst sei man auf solche Strategien vorbereitet. In der Sozialpsychologie wird auch der Begriff „fundamentaler Attributionsfehler" verwandt (vgl. Levine 2005, S. 27).
- Kognitive Dissonanz: Wenn Absichten und erreichte Ziele auseinanderfallen, tendieren wir zu einem Ausgleich des Konflikts. Dazu gehören allerlei Rechtfertigungsstrategien für Entscheidungen, die von anderer Seite – also wiederum von Dritten – als problematisch empfunden werden, z. B. Hinweise auf die Schädlichkeit von Suchtmitteln oder – zunehmend – die Kritik von Verhaltensweisen, die umweltschädlich sind. Im Streben nach einem inneren Ausgleich gedeiht sie Suche nach Erfahrungen oder Notwendigkeiten, die dem eigenen Verhalten Unterstützung verleihen.

Angesichts der häufig gegebenen Produktvielfalt muss der Konsument auch keine endgültige Entscheidung treffen. Aufgeschobene Formen von Befriedigung eines Bedürfnisses galten eigentlich als Ausdruck einer besonderen Motivation. Vor einem gut gefüllten Regal wandelt der Konsument auch zwischen zahlreichen Appetenz-Appetenz-Konflikten (erfordert eine Entscheidung zwischen zwei für den Konsumenten positiv bewerteten Alternativen mit gleichem Wert) und geht diesen aufgrund der Nicht-Dringlichkeit zunächst einmal aus dem Weg. Riesige Sortimente für eine spezifische Produktgruppe wirken auf Konsumenten wie „category killers", weil bereits der Anblick von Vielfalt zu einer Entwertung des eigentlichen Produktwunschs beiträgt. Wenn unter solchen Kaufbedingungen keine erkennbaren Entscheidungshilfen angeboten werden, der Konsument also im Grunde genommen nur alternativenbasiert entscheiden soll, wird er im Falle des Nichtvorhandenseins eines evoked set (also einer bestimmten Anzahl bereits bekannter Produkte) wahrscheinlich wieder unverrichteter Dinge davonziehen oder seine Entscheidung aufgrund von Intuition und Bauchgefühl treffen. Letztlich wird man somit auf eine bekannte Erkenntnis verwiesen: Es ist immer gut zu wissen, was man will.

Auf institutioneller Ebene wird ebenfalls Orientierungshilfe geleistet. Im Jahr 2024 feierte die Stiftung Warentest ihren 60. Geburtstag. Sie verdankt ihre Entstehung einem Beschluss des Deutschen Bundestags, der die Notwendigkeit des Verbraucherschutzes erkannte und nicht darauf vertraute, dass eine irgendwie geartete Bürgerinitiative eine unabhängige Instanz aufbauen konnte. Die Geschichte dieser Institution zeigt, dass die Veröffentlichung von Testergebnissen Aufmerksamkeit erzeugt: im Hinblick auf den vorgenommenen Vergleich und die Testverfahren und auf berücksichtigte und nicht berücksichtigte Produkte. Juristische Auseinandersetzungen über Bewertungen gehören ebenso dazu. Eine weitere Instanz, die als Anlaufstelle für Konsumenten, aber auch als Watchdog der Konsummärkte fungiert, sind die Verbraucherzentralen. Die Zahl gemeinnütziger Vereine, die Teile des Konsummarkts kritisch beobachten und Veränderungen einfordern, ist deutlich gestiegen. Es existiert also nicht nur Vielfalt im Feld der Produkte, auch das Feld der Beratung und Empfehlung weitet sich aus. Und auf den zahlreichen Bewertungsportalen kann man sich, den Titel eines Beitrags dazu paraphrasierend, im Deuten von Sternen üben (vgl. Lenk 2022).

Es sind somit häufig die sogenannten Anderen, die Hilfestellung leisten. Auf die Ergebnisse der Diffusionsforschung wurde bereits an früherer Stelle hingewiesen. Sie blickt, wenn es um neue Produkte oder Dienstleistungen geht, auf die zeitliche Dimension, die sie mit einer Typologie von Übernahmeentscheidungen verknüpft. Zugleich wird ein modellhafter Ablauf skizziert, der prozesshaft ähnlich abläuft und auf verschiedene Produktkategorien übertragbar ist. Die Trägerschichten von Innovationen variieren mit den Innovationen selbst. Konsultationen finden danach immer statt – z. B. im Falle moderner Telekommunikationsgeräte, im Falle von Automobilkäufen oder im Falle von Haushaltsgeräten –, aber die involvierten Ratgeber wechseln. Diese auf Produkt- und Themenebene zu beobachtende Differenzierung erlaubt dennoch einige Hinweise auf die wahrscheinliche Struktur interpersonaler Kommunikation. Homogenität ist wahrscheinlicher als Heterogenität (z. B. ähnlicher Status, geringe Altersdifferenzen), die Zuschreibung von Glaubwürdigkeit ist wichtig, die Rückversicherung in einem vertrauten Umfeld dominiert. Der Ausbreitungsprozess wirkt zugleich über die Sichtbarkeit einer Neuerung. Denn Beobachtbarkeit zählt zu den Akzeptanzfaktoren. Diese verweist nicht nur auf die Wirkkraft relativer Bedürfnisse, sie sorgt, insbesondere in späteren Phasen der Ausbreitung einer Neuerung, für die Erwartung, dass andere bereits wagnishaft waren und sich die noch verbleibenden Innovationskosten im Überschaubaren bewegen: Nicht mehr ganz neu auf dem Markt, aber noch nicht veraltet.

Hier wird sogleich eine Leerstelle der Individualität im Konsum evident. Denn der jeweilige Markt ist das

Ergebnis vieler Einzelentscheidungen, die dann als „Aggregatzustand" deutlicher sichtbar sind. Jeder Konsument wird quasi automatisch zu einem Marktteilnehmer und in Abhängigkeit von seiner sozialen Position in diese Marktteilnehmerschaft eingebunden. Die Bedeutung des sozialen Status begrenzt sich dabei nicht auf Positionskämpfe innerhalb eines Schicht- oder Klassengefüges. Der Blick wird dabei auch auf das Zustandekommen gemeinsamer Entscheidungen gelenkt. Die Konsumforschung hat, dabei selbst lange einem dominanten Rollenmuster folgend, die Rolle von Mann und Frau als arbeitsteilig wahrgenommen. Eine frühe Arbeit zum Konsumverhalten in Haushalten ist zu dem Ergebnis gekommen, dass wichtige Entscheidungen nicht vom Mann, sondern von der Frau getroffen werden. Sie stammt von Kurt Lewin, der mit dem Begriff „Pförtner" die Schlüsselposition der Frau im Falle von Ausgabeentscheidungen im Haushalt beschrieben hat (Lewin 1982 [zuerst 1951]. Auf das Leitbild der „Mrs. Middle Majority" wurde bereits hingewiesen. Der Autokauf diente häufig der Illustration eines Entscheidungskonflikts. Im Folgenden hierzu ein Beispiel aus den 1960er Jahren: „The role of the female head is to resist the purchase of a new car. The resistance appears to stem from a difference between husband and wife in the hierarchy of values rather than opposition to a new car per se. [...] The male head of the household believes the family can afford a new car, whereas the female head of the family does not know where the money for a new car will come from [...] the automobiles tends to be valued higher by the husband than by the wife." (Brown 1961, S. 194 f.) Solche Differenzen müssen keineswegs stabil bleiben, sondern können sich im Zuge einer veränderten Stellung von Mann und Frau in der Gesellschaft verändern. Ebenso spiegelt sich in der neueren Konsumforschung die Differenzierung der Lebensformen und eine Abkehr von dominanten gesellschaftlichen Leitbildern. Dominant meint aber auch eine bereichsspezifische Kompetenz, die den Grad gemeinsamer Entscheidungen beeinflusst.

Erweitert man den Kreis der Beteiligten, wird im Familienkontext die Rolle der Kinder in die Betrachtung eingebunden. Die familiensoziologische Forschung hat den veränderten Erziehungsleitbildern in Familien unter anderem auch mit dem Hinweis Rechnung getragen, dass sich Befehlshaushalte zu Verhandlungshaushalten entwickelt haben (vgl. hierzu beispielsweise Schülein 1990). Auch in diesem Bereich gilt es sorgfältig zu unterscheiden, ob es sich um Zuschreibungen von bestimmten Erwartungen handelt oder um eigenständig entwickelte Motivationen. Kinder übernehmen als Werbeprotagonisten eine wichtige Funktion. Eine frühe Zuschreibung des Konsumentenstatus hat Methode. Sie werden als Mitentscheider sehr früh angesprochen. Zugleich wirkt hier eine Doppelstrategie der Präsenz: in den Medien selbst und in der Gruppe der Gleichaltrigen. Die Märkte für Kinderprodukte setzen auf die Bedeutung gemeinsamer Entscheidungen, sie bauen aber auch Produktwelten auf, die eine „Diderot Unity" ganz eigener Art begründen. Hier sollen aus gutem Grund keine Produktfamilien genannt werden. Aber wenn Marken einen „multigenerational appeal" (Solomon 2020, S. 422) aufbauen, wird nachvollziehbar, dass es nicht nur einsame und individualisierte Entscheidungen gibt. Märkte lassen sich über eine Altersdifferenzierung beschreiben, aber auch durch Ausstrahlungseffekte: Von Jung nach Alt, von Gleich zu Gleich, von oben nach unten usw.

Je mehr Differenzierung greift, desto eher dürften stereotype Wahrnehmungen der Umwelt abnehmen. Der Begriff „Stereotyp" steht für ein Denkschema, das weitgehend losgelöst von unmittelbarer Erfahrung unsere Umweltwahrnehmung bestimmt. Etwas wird auf dieser Basis als „typisch" deklariert. Ein Stereotyp ist mithin die Vollendung reduzierter Sichtweisen auf die Vielfalt. Als der amerikanische Schriftsteller Don DeLillo gefragt wurde, woran es denn liege, dass wir trotz der Faszination und Schönheit dieser Welt unfähig seien, die Komplexität dieses Lebens zu begreifen, antwortete er: „Das großartige Spektakel unseres Planeten ist in der Tat ein atemberaubender Anblick, insbesondere wenn man bedenkt, dass die Wahrnehmung des Menschen für gewöhnlich schon versagt, wenn es darum geht, die profansten Phänomene des Alltags nachzuvollziehen." (David 2012, S. Z 6)

Offenbar lebt die Kontroverse über diese Form der Alltagsreduktion fort. Stereotype bleiben und/oder unterliegen selbst einem Wandel, gewährleisten, so Goffman, damit „eine Kurzformel für die entsprechende Analyse der Organisation der Erfahrung" (1980, S. 19). Was dem Zwecke der leichteren Lesbarkeit dienlich sein soll, sorgt für Orientierung und Betroffenheit zugleich.

Wieder übernimmt die Werbung eine wichtige Rolle. Da ist z. B. ein kleiner Junge, der in einer ausgesprochen schwierigen Alltagssituation seinen Vater davon überzeugen kann, dass eine schlechte Note in der Schule doch nicht so tragisch ist. Die kurze Verärgerung des Erwachsenen weicht schnell der Freude über etwas, das letztlich dann auch Ziel der Werbung ist. Kinder können ausgelassen spielen und toben, sie haben ein eigenes, meist großes Zimmer, der Schmutz, den sie in der Küche hinterlassen, ist für die Eltern, immer noch meistens die Mutter, kein wirkliches Problem. Sie bleibt in verschiedenen Belastungssituationen fürsorglich und gelassen, gelegentlich übernimmt diese Rolle auch der Vater. Kinder in der Werbung vermitteln meist entspannte Atmosphären, sie werden in der Regel belohnt, selten bestraft, und immer häufiger dient ihre Integration in Werbespots nicht nur der Bestätigung stereotyper Rollenbilder (z. B. im Bereich

Kosmetik und Technik), sondern der Untermauerung früher Konsumentensouveränität.

Die auf Erfahrung basierende Souveränität hingegen musste lange registrieren, dass dieses Bewusstsein nicht Ziel, weil nicht Teil der werberelevanten Zielgruppe, gewesen ist. Ein langer Anpassungsprozess hat dazu geführt, dass sich die Werbung mit älteren Menschen zwar verstärkt an den positiven Seiten von neueren Lebensstil-Typologien orientiert und diese durch geeignete Testimonials aus Senior Model-Agenturen unterstützt. Sie zollt aber auch allmählich dem differenziellen Altern und der längeren Lebenserwartung Tribut. Von dem Bewusstsein getragen, dass sich aktive Konsumphasen im Lebenszyklus ausdehnen, werden Einstellungen zum Altern als Basis für Konsumwünsche genommen. Man könnte auch sagen: Zum aktiven Leben gehört die Einbindung in Konsumwelten, die Zugehörigkeit über Kaufkraft gewährleisten.

Die Eigengesetzlichkeiten der Werbung sorgen dafür, dass Werbung eben nicht ein Spiegelbild der Gesellschaft ist, sondern sich langsam von bewährten Strategien verabschiedet, Neues testet und damit einen Beitrag dazu leistet, die Maßstäbe bezüglich des Alters und des Alterns zu verändern. Werbung bleibt durch selektive Wahrnehmung gekennzeichnet, und sie gibt gesellschaftliche Entwicklungen in der ihr eigenen Sprache und Symbolik wieder. Das Sinnbild der Jugendlichkeit (Juvenilität) erfasst also eine längere Phase des Lebenszyklus und sorgt dabei gleichzeitig für ein Älterwerden von Jugendlichkeit.

10

„Thesenabrechnung" – Die Quittung

Wer sich mit dem Thema „Finanztipps" beschäftigt, findet zahlreiche Empfehlungen zum strategischen Verhalten auf Aktienmärkten. Aber zu den „Finanztipps" gehört auch die andere Seite der Münze, nämlich Ratschläge zur guten Haushaltsführung. Wer mit seinem monatlichen Budget nicht mehr über die Runden kommt, soll danach z. B. über einen Zeitraum von mindestens drei Monaten ein Haushaltsbuch führen. Diese Abrechnungen nehmen zu.

Aber nicht nur am Ende eines Monats offenbart die „Quittung" das Verhältnis von empfangenen Leistungen und getätigten Ausgaben/Zahlungen. Das Wort beschreibt zunächst ein sachliches Verhältnis zwischen Käufer und Verkäufer. Aber die Formel „die Quittung bekommen" weist auch auf verschiedene Formen von Fahrlässigkeit hin, die nicht ohne Folgen bleiben. Wer über seine Verhältnisse lebt, erlebt auch die Regeln des Marktes.

Dieser ist ständig in Bewegung und reagiert in vielfältiger Form auf eine Veränderung bisheriger Erträge. Die

Wortgattung der Kofferwörter vermag das gut zu illustrieren. Sie stehen für Wortverschmelzungen wie „Shrinkflation" (shrink = schrumpfen). Gemeint ist damit die Verkleinerung des Inhalts einer Verpackung bei unverändertem Preis. Das Ganze lässt sich noch variieren oder steigern, wenn nicht nur die Portion, sondern auch die Qualität reduziert wird. Das passende Wort gibt es selbstverständlich gleich mit: „Skimpflation" (skimp = knausern, einsparen). Die Verbraucherzentralen registrieren einen Zuwachs von Beschwerden in diesem Bereich. Der Volksmund würde wohl von Mogelpackungen sprechen.

Damit sind wir wieder bei einer Variante von Abrechnung. Was bekomme ich und was zahle ich dafür? Wenn Markttransparenz über offene Ohren und Augen erarbeitet werden muss, nimmt die Sensibilität gegenüber der Informationspolitik am Point of Sale und auf Verpackungen zu. Die Lebensmittel-Kennzeichnung kennt verpflichtende und variable Elemente. Die Lektüre hat heute eine andere Qualität als in den 1980er Jahren. Don DeLillo hatte in seinem Roman „Weißes Rauschen" die Erschütterung eines konsumfrohen Daseins beschrieben und die Ausstrahlungseffekte, die von einer Konsumkultur ausgehen, z. B. auf die Quellen wissenschaftlicher Erkenntnis. An einer Stelle lässt er den Hauptprotagonisten, einen Geschichts-Professor, über seine Kollegen aus dem Fach Popkultur sagen: „Ich verstehe die Musik, ich verstehe die Filme, ich begreife sogar, dass Comics uns etwas mitteilen können. Aber hier gibt es ausgewachsene Professoren, die nichts anderes lesen als die Texte auf den Cornflakespackungen." (DeLillo 1987, S. 17) In dieser Beobachtung ist daher auch ein zentraler Hinweis verpackt. Die Konsumgesellschaft schreibt ihre eigene Geschichte und schafft sich Baupläne und Regieanweisungen. Sie verändert die Infrastruktur, sie manipuliert Laufwege in Supermärkten, sie plakatiert die Umwelt, sie nutzt Design, um Mehrwert

10 „Thesenabrechnung" – Die Quittung

zu schaffen. Zugleich regt sie zum Nachdenken an, generiert Rohdaten für neue Theorien und inspiriert die Kunst. Roy Lichtenstein sagte einmal: „Pop Art looks out into the world; it appears to accept its environment, which is not good or bad, but different – another state of mind."

Als ich im Jahr 2011 die vierte Auflage der „Einführung in die Konsumsoziologie" vorlegte, beendete ich das Buch mit einigen Thesen. Diese Idee greife ich im Folgenden noch einmal auf und überarbeite/erweitere das damalige Gerüst.[1] Diese Thesen sollen noch einmal zuspitzen, was im Vorausgegangenen ausgeführt wurde: eine etwas andere Form der Zusammenfassung.

Thesenabrechnung: Wer Thesen formuliert, muss mit dem Wandel rechnen. Prognosen haben die eigentümliche Besonderheit, an ihrer Selbsterfüllung (self-fulfilling prophecy) und Selbstzerstörung (self-destroying prophecy) mitzuwirken. Sie tragen – ganz im Sinne Hirschmans (siehe Kap. 1) – den Keim der eigenen Zerstörung in sich. Wenn sich das Neue veralltäglicht hat, kümmert es niemanden mehr, und Erstaunen stellt sich auch nicht mehr ein. Thesen haben zudem meistens etwas Plakatives, sie überzeichnen die Situation oder das Phänomen und schaffen damit Raum für Kompromisse. Das ist nicht die Absicht der nachfolgenden Abrechnung.

Da der Konsum von Gütern und Dienstleistungen nun einmal eine Notwendigkeit darstellt, ist auch seine Zukunft garantiert. Die Investitionen in dieses Programm liefern der Soziologie aufschlussreiches Material für die Analyse des Alltags. Gegner des Materialismus plädieren für die Abkehr von dieser Kultur. Andere sehen das Besondere einer Konsumgesellschaft und Konsumkultur in

---

[1] Jäckel, Michael (2011): Einführung in die Konsumsoziologie. 4., durchgesehene und aktualisierte Auflage. Wiesbaden, S. 323 ff.

der Chance, Ansprüche und Wünsche zu schaffen, weil die Elementarbedürfnisse in den Hintergrund getreten sind. Zwischen Askese und Genuss platzieren sich Konsumstile in vielen Facetten. Der Markt wird aber nicht nur von diesen Stilen bestimmt. Sie sind das Ergebnis eines unterschiedlich begründeten oder motivierten selektiven Zugriffs. Der Markt selbst ist ein öffentlicher Raum, auf dem sich die Gesellschaft und ihre Erwartungen bzw. Ziele spiegeln. Was findet in diesem Spiegelkabinett statt? Was macht diese abwechslungsreiche Dauerveranstaltung aus? Was steht zwischen den Zeilen auf der Quittung? Und kann man davon etwas absetzen? Die Thesen leben von diesem Marktgeschehen und können daher in ihrer Wertbeständigkeit variieren. Ein Gutschein, der erst in der Zukunft eingelöst wird, kann finanzmathematisch diskontiert werden. Auch das Konsumverhalten kennt Abzinsungseffekte, findet aber zunehmend in einem Umfeld statt, das dem Vorausschauenden die höchste Priorität einräumt.

1. *Die Konsumgesellschaft kennt kein wirkliches Ende.*
Eine abwechslungsreiche Dauerveranstaltung: Dieser Dauerzustand hat einen ganz praktischen Grund. Immer mehr Menschen stellen sich in den Dienst einer Sache, beteiligen sich an meist arbeitsteilig organisierten Prozessen, sind in Lieferketten eingebunden. Zum Wandel von Versorgungsstrukturen gehört, dass sich das Leistungsspektrum der Anbieter seit geraumer Zeit deutlich erweitert. Die Marktkompetenz erlebt eine Entgrenzung und erhält zunehmend Allrounder-Qualitäten. Aber zum Kerngeschäft gesellen sich auch Spezialmärkte, die z. B. konsequent nur eine Ernährungsweise bedienen. Dem Kunden werden in

diesem sehr dynamischen Prozess Schiedsrichter-Eigenschaften zugeschrieben.[2]

Es wird also hergestellt, verkauft, entwickelt oder verändert, um davon leben zu können. Oder es wird Dritten zugearbeitet, damit sich gute Erfolge einstellen. Und wer arbeitet, möchte mit dem Ertrag aus diesem Tun mehr als seinen Lebensunterhalt bestreiten. Dieser Mechanismus erklärt, warum wir morgens nicht liegen bleiben und tagaus, tagein geschäftige Menschen sehen. Diese Dynamik füttert andere Systeme, z. B. das Nachrichtenwesen. Es gibt immer etwas zu berichten. Die Welt dreht sich zwar mit konstanter Geschwindigkeit, aber die einzelnen Drehmomente steigern das Gefühl, in einer Welt zu leben, die nicht zur Ruhe kommen kann oder will. McLuhans globales Dorf sorgt dafür, dass die Reichweite unserer Erfahrung die Unterscheidung von Nah und Fern nachrangig macht. Diese Dynamik lässt häufig nur wenig Zeit für Reflexion. Sie bestimmt immer noch das Bild einer Welt, die sich ständig um ihre Achse dreht und einem gedanklich verkürzten „Carpe Diem!" folgt.

2. *In Formen des Konsums spiegelt sich auch zukünftig die Ungleichheit der Gesellschaft.*

Der Schokoladenmarkt diente in diesem Buch bereits als Beispiel für die Differenzierung unserer Gesellschaft, das Brot auch. Der Weinmarkt könnte ebenso als Kandidat genannt werden, auch Krawattenmodelle und Schuhe, Uhren und Schmuck, Kaffee- und Teesorten. Die ökonomische Ungleichheit ist eben nicht nur eine des Einkommens, sondern schlägt sich vielmehr in vielen Dingen des Alltags nieder. Das Ökonomische und das Kulturelle sind

---

[2] Siehe beispielsweise Welt am Sonntag, Nr. 30, 28. Juli 2024, S. 19.

aufeinander bezogen, Ressourcen und Präferenzen verhalten sich nicht beliebig zueinander. Kein Wunder also, dass die Lebensstilforschung die harten Indikatoren wie Beruf, Bildung oder Einkommen gerne durch lebensnahe Zeichen ergänzt. Den nüchternen Zahlen der Sozialstatistik werden die praktischen Auswirkungen hinzugefügt. Durch diese Perspektivenerweiterung werden Schicht-, Klassen- oder Milieumodelle nicht zu Nebensächlichkeiten degradiert, sondern durch Beschreibungen ergänzt, die sie als verborgene Details beinhalten. An Typologien mangelt es wahrlich nicht. Inmitten dieser Beschreibungseuphorie wurde der Sozialstrukturanalyse auch einmal die Verliebtheit in die bunte Vielfalt des Alltags vorgeworfen (vgl. Geißler 1996, S. 322). Der Sinn für Optionen und Grenzen des Konsums muss eben gewahrt bleiben. Verglichen mit den klaren Signalen der Ständegesellschaft, die über Kleider- und Speiseordnungen dem Alltag eine stabile Struktur verlieh, kennt die Moderne die Polyvalenz von Ordnungen und eine Varianz der Stile. Der Demokratisierungsgedanke, der vor allem in den 1960er Jahren als Interpretationsvorschlag für eine nivellierte Gesellschaft mit mehr Wohlstandsempfinden aufkam, beförderte das Gefühl einer geringeren Sichtbarkeit von Unterschieden. Das Ernährungsverhalten scheint trotz einer allgemeinen Veränderung des Ernährungsbewusstseins gleichwohl ein gutes Beispiel für Strukturen langer Dauer zu sein. So wurde die Warnung vor einer „Zwei-Essens-Gesellschaft" von einer Ernährungsexpertin wie folgt umschrieben: „Je schlechter Einkommen und Bildung, desto wahrscheinlicher werden die Hosen eng." (zit. nach Gersmann und Willms 2006, S. 3) Als Kontrast dazu werden die vermeintlich einfachen Dinge des Lebens in einen Rahmen versetzt, der kalkulierte Bescheidenheit auf hohem Niveau ermöglicht. Es genügt die besondere Zubereitung eines alltäglichen Gerichts, um dem Bedürfnis nach Ungewöhnlichem gerecht zu werden: „Der elitäre Gestus ist nicht verschwunden, sondern einfach raffinierter geworden." (Kaube 2007, S. 76)

3. Krisen sind auch für den Konsum ein Spiegel der Wahrheit.
Eine Konsumgesellschaft, die sich ihren Konsumenten verschließt, müsste wohl mit Recht als ein Paradoxon bezeichnet werden. Die Klassengesellschaft aber, so Rehberg in einer kritischen Bilanz der Ungleichheitsdebatte, verschwimmt „im Wohlstand und tritt in Krisen deutlicher hervor." (2006, S. 23) Reichtum hat in Gestalt eines „mass media star system" eine vielbeachtete Repräsentation gefunden und sorgt für eine Verkürzung von Konsum- und Modezyklen. Die „Phantasie der Massen", so Rehberg (2006, S. 32), wird unentwegt durch neue Impulse versorgt. Dieses Schauspiel verfolgen zu können ist eine Bedürfnisbefriedigung eigener Art. Ohne die Wahrnehmung von Grenzen wäre es funktionslos. Deshalb wird Geltungsbedürfnis auch in Zukunft mit der Faszination des Snob-Appeals bedient. In wirtschaftlichen Krisen aber werden ansonsten tolerierte Formen des Luxuskonsums häufiger infrage gestellt. Deren Resistenz gegenüber Inflationsphänomenen oder Rezessionen setzt die Beobachter in Erstaunen. Der Gedanke einer Parallelgesellschaft bekommt hier ein elitäres Gesicht.

Als zu Beginn der Corona-Pandemie die Angst vor einer Quarantäne Hamsterkäufe auslöste, wollte man wissen, warum so etwas geschieht. Trotz zahlreicher Appelle („Die Versorgungsketten funktionieren.", „Das ist unsolidarisch.") meldete der Handel ungewöhnliche Zuwächse. Es ist auch hier wohl vor allem die Abneigung gegenüber nicht kalkulier- und kontrollierbaren Risiken, die als Erklärungsversuch am meisten überzeugt. Der Kauf des

Produkts (der Produkte) führt auch in größeren Mengen kaum zu einer finanziellen Überlastung, es verdirbt nicht oder ist lange haltbar und wird, z. B. als Hygieneprophylaxe, positiv verbucht. Versorgungskonsum wandelt sich in Vorsorgekonsum. Die Rahmung als (angebliches) Massenphänomen wird als bestärkend empfunden. Trotzdem wird das Ausmaß überschätzt, weil es im Vergleich zum Kaufverhalten des besonnenen Konsumenten mehr Aufmerksamkeit erfährt. Aber die Wiederkehr zeigt, wie brüchig die Hülle der Wohlstandsglocke empfunden wird.

4. *Der Konsum integriert und differenziert zugleich.*
Seit Veblen werden Güter, die ihre Begehrlichkeit der Höhe des Preises verdanken, als Veblen-Güter bezeichnet. Die Nachfrage steigt aufgrund einer positiven Preiselastizität (also die Reaktion auf eine Preisänderung nach oben). Der Effekt wird gemeinhin mit hochpreisigen Gütern assoziiert, funktioniert aber durchaus auch, wenn sogenannte Fast Moving Consumer Goods, also Dinge des täglichen Verbrauchs, strategisch positioniert werden sollen. Der etwas höhere Preis soll dann Originalität und Besonderheit signalisieren. Dennoch wird die Attraktivität eines Produkts nicht nur über den Preis gesteuert. Als Theodor Geiger die Suggestionsversuche der Reklame analysierte, galten ihm Hinweise auf die Welt der Upper Class als Indiz für die Faszination, die von einer sozialen Hierarchie ausgeht. Auch in der Kopie liegt Anerkennung, die einem Ausleihmechanismus folgt (vgl. Geiger 1987 [zuerst 1943], S. 489). Und wenn sich Verbraucher um ein Produkt bewerben müssen, z. B. um ein begehrtes Mode-Label, wird (vermeintliche) Knappheit als Steuerungsmedium für Attraktivität eingesetzt. Daher wird auch in Zukunft die offene Gesellschaft viele Formen sozialer Schließungen und Abschottungen erfinden und abnutzen.

In Hans Christian Andersens Märchen „Des Kaisers neue Kleider" war es die Autorität des Throninhabers, die seine Umgebung daran hinderte, die falsche Eitelkeit aufzudecken. Heute gilt: Nicht nur Kleider machen Leute, sondern auch Mitgliedschaft. Auf diese Weise vermittelt auch der Nicht-Besitz von Club-Karten seinen Reiz. Alice im Wunderland konnte sich schließlich auch über ihren Nichtgeburtstag freuen.

Durch die Einführung ähnlicher Produkte kann die Abnutzung von erfolgreichen Neuheiten beschleunigt werden. In Duty-Free-Shops und Shopping Malls hatte Enzensberger bereits Ende der 1990er Jahre „die Leichenschauhäuser des Luxus" (1996, S. 116) gesehen. Aber mit dem Vorwurf der Kopie können Anbieter und Konsumenten leben. Man ist nicht wirklich ausgeschlossen und akzeptiert den Unterschied. Hierzu passt ein Paradox, das Solomon gerade in Phasen der Rezession zu beobachten glaubte: „Both discounted goods and luxury items tend to sell well." (1994, S. 405)[3] Offensichtlich ist Knappheit nicht nur eine Systemeigenschaft, sondern mindestens auch ein mehrdimensionales Phänomen. Mandevilles Beobachtung „Wie eitel ist's nach Glück zu streben! Man sah nicht: es muß Grenzen geben" (1980, zuerst 1703, S. 86)[4] darf daher im Jahr 2024 ergänzt werden durch den Satz: „Die Grenzen sind mir wohl bekannt, doch auch die Klasse und der Stand!" Wohlstandsgesellschaften kennen diese Grenzen durchaus, sie werden dort aber in Phasen wirtschaftlicher Prosperität weniger spürbar, weil das Gefühl der Teilhabe an vielen Annehmlichkeiten des Alltags

---

[3] Die Aussage findet sich so in der 13. Auflage von „Consumer Behavior" nicht wieder, dürfte aber weiterhin Gültigkeit haben. Beide Auflagen sind im Literaturverzeichnis aufgeführt.

[4] Die Bienenfabel, aus der das Zitat entnommen ist, erschien erstmals 1703 und wurde mehrfach erweitert. 1724 erschien die dritte Auflage.

die Unterschiede akzeptabel, ja geradezu als leistungsgerecht erscheinen lässt.

5. *Räume des Konsums bleiben zentrale Orte der flüchtigen Begegnung.*

Galerien, Kaufhäuser, Shopping Malls, Erlebniszentren usw. sind Orte des Konsums in einem doppelten Sinne: Sie stellen Waren aus und lassen uns Beobachter und Konsument zugleich sein. Das Flanieren vermittelt Teilhabe und stellt eine Art Konsum auf Probe dar. Der Eintritt ist sozusagen frei. Man konsumiert gewissermaßen ohne zu kaufen. Der Gedanke ist nicht neu. Campbell hatte ihn in seinen historischen Analysen als besondere Form des Hedonismus beschrieben, der Vergnügen durch Vorstellungskraft erzeugt: selbstillusionärer Hedonismus (vgl. Campbell 1987, S. 78 ff.). Zugleich wird die Entstehung dieser Konsumräume im 19. Jahrhundert als „Feminisierung der öffentlichen Sphäre" eingestuft. Die Kaufhäuser des 19. Jahrhunderts stehen für die „Weiblichkeit der Masse" (Schößler 2005, S. 251). Wenn Männer einmal in diese Situation geraten, setzen sie, so Émile Zola in seinem Roman „Das Paradies der Damen", besorgte Blicke auf (vgl. ebenda).

Orte des Konsums sind Orte der Begegnung. Die erste vollklimatisierte Shopping Mall der Welt (Southdale Mall in Minneapolis-St.Paul, Minnesota) sollte als Gegenpol zur anonymen Großstadt dienen, die eben nicht zum Verweilen einlud, sondern dem Raum seinen öffentlichen Charakter genommen hatte. Zu einem Raum für Gemeinschaftlichkeit entwickelten sich die Shopping Malls nicht, sondern eher zu Einkaufsghettos, denen durch Zusatzangebote wieder Leben eingehaucht werden musste. Ihre demokratisierende Wirkung entfalteten diese geschlossenen Räume durch ihre Offenheit für jedermann. Hier liegt, trotz der Krise dieser Einkaufsorte, immer noch die Faszination moderner Einkaufszentren. Wiederholt mussten Kaufhäuser in der jüngeren Vergangenheit erkennen, dass ihre Zukunft bei Fortführung des bestehenden Portfolios gefährdet ist. Aber in jedem Versuch, sie aus der Notaufnahme zurückzuholen, ist der Glaube an die Chance einer solchen Form der Warenpräsentation mitgeklungen. So bleiben Krisen doch ein fataler Begleiter der Kaufhäuser. Diese praktizierten das Modell von (wachsender) Vielfalt und Erschwinglichkeit. Es war eine Art Omnibus des Konsums. Frei nach dem Motto: „Wir sind für alle da". Doch so, wie die öffentlichen Omnibuslinien darunter leiden, dass sie heute zu selten in Anspruch genommen werden, leidet auch das Kaufhaus unter der Frequenz. Die fehlende Magnetwirkung dieser klassischen Einkaufsorte wird auf lange Sicht Teil einer Diskussion über die Qualität heutiger Innenstädte sein.

Aber das zweckorientierte Element des Kaufs kann nicht nur hier, sondern auch in den Einkaufsstraßen und -passagen der heutigen Großstädte zur Nebensache werden, weil die Dringlichkeit eher die Ausnahme als die Regel darstellt. „Shopping around" ist der eigentliche Impuls für eine Aktivität, die an sich bereits eine Belohnung darstellt. Auch hier wird die Phantasie angeregt: Vom Probesitzen im Einrichtungshaus bis zur Duftprobe in einer Parfümerie wandert der Konsument durch Angebote, die ihm keine verbindlichen Entscheidungen abverlangen.

Die Architektur wiederum erweitert den funktionalen Aspekt der Räume. Die Warenästhetik käme ohne ein entsprechendes Umfeld gar nicht zur Geltung. Pappkartons sind nur beim Discounter geduldet, wenngleich auch dort minimalistische Aufwertungskonzepte für Wohlfühlelemente sorgen.

Wenn diese Räume durchlaufen werden, werden gerne auch Konsumprodukte mitgeführt. Der „Coffee to go" ist das Symptom einer Gesellschaft, die Gefallen an der Inszenierung von Trends findet und immer unterwegs ist, also in flüchtigen Zeiten lebt (vgl. Bauman 2008).

6. *Moralischer Konsum wird auf allen Ebenen der Gesellschaft verlangt.*
Der moralische Konsum erreicht den Status einer sozialen Tatsache. Das meint: Das Konsumfeld steigert die Einbindung dieser Verpflichtung und gibt dem Verbrauch damit Verantwortungsbewusstsein für die Umwelt und die Zukunft mit. Dieses Programm gegen den Verzicht gibt dem Konsum eine überindividuelle Dimension. Konsumkritik bleibt nicht ohne Wirkung und dennoch öffnen sich die Geldbörsen. Aufrufe zum Konsumboykott lassen mögliche Anhänger der Idee mit der Ungewissheit zurück, was noch zum Bereich des Notwendigen im Leben gehören darf. Darüber hinaus bleibt der Nonkonformismus, der sich in einer bewussten Abkehr von den Routinen einer Konsumgesellschaft niederschlägt, nicht auf der Ebene von Individualstrategien stehen. Gesucht wird das Bündnis mit Gleichgesinnten, die sich in ihren Zielen gegenseitig bestärken und aus dieser Selbstverpflichtung ein neues Regelwerk entstehen lassen, das dem durchschnittlichen Konsumenten, von dem man sich abzugrenzen sucht, eher fremd ist. Konsumrebellen kaufen nicht dort, wo sie einkaufen sollen und bezwecken damit eine Lahmlegung des „Systems". Oder sie demonstrieren ihre Marktmacht durch punktuelle Aktionen, die Ladenbesitzern einen Großeinkauf bescheren in der Erwartung guter Taten. „Carrotmob" nannte man einmal dieses Einkaufen mit „ökologischem Ehrgeiz" (Oberhuber 2010, S. 42). Protest und Happening gehen Hand in Hand. Die Karriere solcher Initiativen, die umweltgerechtes Handeln forcieren und prämieren möchten, zeigt: Auch der Protest kennt Moden.

Symbolische Widerstandsakte nehmen zu und sollen zeigen, „dass in der Welt etwas nicht stimmt." (Heath und Potter 2009, S. 20) Ein in sich politisch heterogenes Spektrum von Akteuren ist stets dem Kollektivgedanken verpflichtet. Daher wundert es nicht, dass das Kidnappen von Reklametafeln, von dem Naomi Klein in ihrem Buch „No Logo" (2001) berichtet hat, von vielen in einem übertragenen Sinne praktiziert, gelegentlich auch als Guerilla-Strategie gepriesen wird, aber im Ergebnis einen Kommunikationswettbewerb in Gang hält, der dem der klassischen Werbung in nichts nachsteht.

Während rebellische Formen das Kaufen in allen Lebensbereichen auf die Ebene echter Entscheidungen heben, bedankt sich der klassische Konsument für leicht entzifferbare Siegel, die ihm den Wunsch, ebenfalls ein guter Konsument sein zu wollen, auf einfachem Wege gestatten. Vom Premium-Produkt bis zur Banane muss politische und ökologische Korrektheit gegeben sein – selbst, wenn diese sich unter Umständen als Illusion herausstellen kann. Die Nebenkosten werden nicht immer bedacht. Die Berechnungen werden jedenfalls umfassender, was sich unter anderem an der Bestimmung der Umweltfreundlichkeit im Rahmen der E-Mobilität zeigt. Durch politische Innovationen, die beispielsweise bestimmte Produkte vom Markt verschwinden lassen, ändert sich der Kalkulationsrahmen. Mathematisch korrekte Nutzenfunktionen kommen wohl eher selten zur Anwendung.

7. *Die Vermessung des Konsums hat eine Agenda Setting-Funktion.*
Die Vermessung des Konsums geht derweil in reaktiver (also in Form von Befragungen oder Experimenten) und nicht-reaktiver Form (Beobachtungen, Registrierungen in natürlichen oder elektronischen Umgebungen) weiter.

Panelstichproben werden unterhalten und gepflegt, Märkte dienen als Testarenen, in denen sich „Gladiatoren" des Konsums im Umgang mit dem für die Mehrheit noch Unbekannten üben können. Bevor beispielsweise der Süßwarenmarkt eine Veränderung erfährt, dürfen zunächst ausgewählte Orte und deren Kunden über die Akzeptanz befinden. Indizes über die Kauflaune beschreiben die Konjunkturen des Konsums, in Verbraucheranalysen dürfen die Befragten auch einmal unter Beweis stellen, wie gut sie sich in der Welt der (Marken-)Namen und Werbeslogans auskennen. Das „Wer weiß denn sowas"-Format kennt keine Grenzen.

Wenn die Konsumforschung zurückschaut, dann interessiert sie sich z. B. für die Gewohnheiten und Automatismen, die den mehr oder weniger täglichen Konsumrhythmus begleiten oder bestimmen. Ein bunter, aber in der Regel wohldurchdachter Mix an Aussagen soll beurteilt werden: ob man sie liebt, die Routine; ob man auch einmal spontan etwas Neues ausprobiert, ob man ein Lieblingslokal hat und dort immer am gleichen Tisch sitzen möchte; ob beim Kochen stets die gleichen Gewürze verwandt werden; ob der Tages- und Essensrhythmus genau festgelegt ist; ob der Weg in die Küche stets mit einem Blick in den Kühlschrank verbunden ist; ob man offenen Kekspackungen widerstehen kann usw. (vgl. zu diesen Messverfahren auch Ersche et al. 2017).

Häufig wird der Blick aber auch in die Zukunft gerichtet. Viele Instrumente der Demoskopie und der Umfrageforschung fragen nach „Werden Sie …?" und „Was planen Sie …?". Stets wird damit die Erwartung artikuliert, dass wir unseren Entscheidungen Phasen der Überlegung voranstellen. Sie sollen in diesem Sinne widerspiegeln, was die Bestimmtheit des Wortes selbst vermittelt und binden unsere Aufmerksamkeit mehr oder weniger stark. Eine methodische Kontrolle des Alltags wird eingefordert. Jene, die von Monat zu Monat die Berichte über die Konsumstimmung im Land formulieren müssen, registrieren vermehrt neue historische Tiefststände und denken vielleicht auch schon darüber nach, im Falle langanhaltender Krisensituationen ein neues Basisjahr für die Berechnungen der Konsumstimmung einzuführen. Die Sorge der Menschen, etwas zu verlieren, wiegt schwerer als die Hoffnung auf Gewinne. Jede (befürchtete) Rezession nährt den Zweifel an einer guten Zukunft. Die Politik befindet sich dauerhaft in einer Phase der Hochverantwortung, und die Erwartung an sozial gerechte Verteilmodelle ist allenthalben spürbar. Konsum gilt als Gradmesser der Teilhabe am Wohlstand einer Gesellschaft. Daher wächst der Bedarf nach kontinuierlichen Informationen.

Es gibt also die Bindung an das Ganze und die Bindung an das Spezifische, etwa über die Beteiligung an Bonusprogrammen. Seit sich das Einkaufen vermehrt in den Online-Bereich verlegt hat, nehmen die Kenntnisse über das Verbraucherverhalten weiter zu. Jeder hinterlässt Pfade. Aus diesen „Konsumvektoren" generiert die Datenanalyse Mutmaßungen über Präferenzen.

8. Der Konsument ist mächtiger und verwirrter zugleich.
Unlautere Versuche, die Konsumenten zu irritieren, bleiben nicht unkommentiert, sondern werden der Öffentlichkeit mitgeteilt. Beeinflussungsresistenz mag individuell weit verbreitet sein, als gesellschaftliches Defizit aber wird das Fehlen dieser Selbstkontrolle gerne beklagt. Der Verbraucher erhält also viele Hilfestellungen, die ihn das Ziel der Konsumentensouveränität erreichen lassen sollen. Hinweise zur Qualität von Produkten und Dienstleistungen gehören heute zum Standardrepertoire aller Mediengattungen und gehen weit über die klassische Beteiligung an Produkttests hinaus, die ebenfalls der Produktoptimie-

rung dienen. Sie üben damit Einfluss auf einem Markt aus, der ohnehin durch Informationsüberlastung gekennzeichnet ist. Informationen werden gesammelt und verglichen, um wie in einem Wettbewerb auf der Seite der Erfolgreichen zu stehen. Ob diese Kritik immer ernst genommen wird, weiß man nicht. Aber diese Unsicherheit genügt, um das Gefühl einer wachsenden Konsumentenmacht aufkommen zu lassen. Wer als Anbieter kritisches Feedback missachtet, tut sich damit keinen Gefallen. Da auch registriert wird, wer auf Beschwerden reagiert (z. B. im Tourismusbereich), müssen sich Konsumenten nicht einmal verbünden, um Einfluss geltend zu machen.

Ob aus der Summe der Informationen eine gute Entscheidung hervorgeht, ist gleichwohl nicht nur von der Eigeninitiative des Verbrauchers abhängig. Eine Heuristik muss er zumeist selbst entwickeln bzw. darauf vertrauen, dass die Summe der rezipierten Urteile einer Weisheit der Vielen gleichkommt. Obwohl er sich mächtiger fühlt, nimmt die Transparenz nicht in gleichem Maße zu. Der Satz „Probieren geht über studieren" wird letztlich auch hier bestätigt. Ebenso bleiben im Falle von Unzufriedenheit Grenzen der Selbsttäuschung.

In Verbraucherleitbildern spiegelt sich daher ein Spektrum von Souveränität bis Schutzbedürftigkeit (vgl. Hellmann 2023, S. 213 ff.). Politische Initiativen zielen auf eine Offenlegung der Spielregeln, auch unter Einbindung der Zivilgesellschaft. Empfehlungskataloge zu unterschiedlichen Konsumfeldern versuchen Einfluss auf die Beschaffenheit der Märkte zu nehmen.

9. *Werbung versucht zu steuern, aber sie wird auch gesteuert.* In der Werbung geht es um Aufmerksamkeit. Wenn es um Aufmerksamkeit geht, herrscht Konkurrenz. Obwohl gerade die Werbung also einen Wettbewerbsmarkt par

excellence darstellt, versucht diese dennoch selbst immer wieder einen Grundkonsens zu definieren. Im Jahr 2001 stellte der Zentralverband der deutschen Werbewirtschaft beispielsweise fest: „Eine Grundregel der Werbung lautet: Sie muss sich an der gesellschaftlichen Ist-Situation orientieren. Mit Bildern und Texten von vorgestern und übermorgen wird ihr Ringen um Aufmerksamkeit und Akzeptanz ihrer Botschaft nicht gelingen, Werbung muss aktuell sein." (2001, S. 43) Eine einheitliche Umsetzung dieser Aufforderung wird schon deshalb nicht stattfinden, weil die Werbung von Kreativität lebt und sich im Falle einer Dominanz von Nachahmungen den Vorwurf der Fantasielosigkeit bzw. Langeweile einhandeln würde. Nostalgie-Botschaften sind sicher kein dauerhaftes Erfolgsrezept, können aber eine Marke wiederbeleben. Und wer hätte gedacht, dass durch Provokation Zustimmung erkauft werden kann. Auch hier nimmt der Nimbus des Rebellischen eigentümliche Züge an. Zu diesem Nimbus gehört, was Luhmann einmal „Mitwirkung am Kapitalismus" (2017, S. 65) genannt hat. Menschen werden selbst zu laufenden Litfaßsäulen und transportieren – bewusst oder unbewusst – Botschaften in den öffentlichen Raum.

Auf ein bestimmtes Programm wird sich die Werbung nicht verständigen können. Wie in der Mode führt zu viel Nachahmung zu Differenzierung. So arbeitet die Werbung, insbesondere im Bereich der Kosmetik, am vollkommenen Äußeren, das offenbar nie vollkommen werden kann. Eigentlich müsste doch das permanente Versprechen von Schönheit die Defizite aus der Welt schaffen. Zugleich findet die Werbung jedoch auch Gefallen am Aufbau von Gegenbotschaften. Die Werbung kritisiert sich selbst und räumt dem Konsumenten, der sich eben noch der zartesten Verführung hingeben sollte, ein Recht auf Unvollkommenheit ein. An die Stelle von Schlankheitsidealen treten Slogans wie „Leben hat Gewicht" oder „Real bodies have real curves."

Diese Widersprüche erklären auch, warum der Werbung die Totalinklusion der avisierten Zielgruppe nicht gelingen kann. Sie benötigt den Unterschied, um Erfolg zu haben. Was auf Außenstehende als bescheidener Erfolg wirkt, kann auf der Ebene des Umsatzes viel bedeuten. Schwellenwerte für einen starken Werbewirkungseffekt sind für umkämpfte Konsumfelder eben niedriger anzusetzen.

Hinzu kommt eine eigentümliche Asymmetrie. Die Zielgruppen werden umworben, weil diese ihre konkreten Produktziele von kreativen Menschen vorentwickeln lassen. Während die Angebotsseite in ein „Hamsterrad" geschickt wird, bleibt der Konsument für seine Zufriedenheit selbst zuständig. Er ist für Überraschungen dankbar, aber auch für Überraschungen gut. Der unzufriedene Kunde kann wechseln, der unzufriedene Anbieter muss neu überlegen. Das Rauschen des Werbemarkts ist nun einmal vorhanden, und die meisten Konsumenten können mit diesem aufdringlichen Lebensbegleiter besser umgehen, wenn sie sich entspannt zurücklehnen und das Schauspiel als Wettbewerb um ihre Gunst wahrnehmen. Insofern macht die Werbung vor allem Steuerungsangebote.

10. *Der alltägliche Konsum lebt von Überhöhungen.*
Wer sich das Spektrum der (Fach-)Literatur zum Thema Konsum anschaut, findet unendlich viele Spezialanalysen zum Anbieter- und Verbraucherverhalten, aber ebenso die Reflexion über diese mehr oder weniger alltäglichen Dinge. Besonders augenfällig ist dabei der Versuch, die „Zeichenwelt" des Konsums zu entschlüsseln. Auch hier wird also nach dem Sinn hinter dem Sinn der Botschaft

gesucht. Die Anleihen im Religiösen sind bereits thematisiert worden (siehe Kap. 3). Hier ein weiteres Beispiel: Roland Barthes setzte in seinen „Mythen des Alltags" das Automobil mit „gotischen Kathedralen" gleich. Denn es sei „eine große epochale Schöpfung, die mit Leidenschaft von unbekannten Künstlern entworfen wurde und von deren Bild, wenn nicht von deren Gebrauch ein ganzes Volk zehrt, das sie sich als ein vollkommen magisches Objekt aneignet." (Barthes 2010 [zuerst 1957], S. 196) Am Beispiel des Citroën wird dann weniger die Funktionalität eines Automobils veranschaulicht, sondern seine Vollkommenheit und Formenlehre gepriesen, die die Besucher von Automessen zu andächtigen Formen der Berührung des Objekts veranlassen. Die Detailbeschreibung entspricht hier bewusst nicht einer Gebrauchsanweisung, die sich dem Schaltgetriebe, der Hydraulik oder Instrumententafel widmet, sondern dem „Gefühl der Leichtigkeit" (ebenda), das eben mehr vermittelt als technische Perfektion. Damit fällt hier nicht nur etwas vom Himmel, sondern wird in einen phantasievollen Rahmen versetzt, der zumindest eine Nähe zu einem „Simulacrum" aufweist, weil die Grenzen zwischen dem Reellen und dem Imaginären verschwinden.

Ebenso könnte man sagen, dass hier eine Wertzuschreibung erfolgt, die über das (vermeintlich) unmittelbar Sichtbare hinausgeht. Was zu einem Teil der Alltagskultur werden soll, trägt in sich bereits Elemente, die über diesen Alltag hinausgehen. Erneut kann hier die Brücke zur Kunst geschlagen werden. Ein Repräsentant der Pop-Art, Jasper Johns, interessierte sich, so Peter Gay in seinem Buch über die Moderne, „wohl weniger für die Erklärung seiner Bilder als für die Eröffnung neuer Möglichkeiten der Reaktion auf banale Objekte, die durch die Erhebung zum Kunstwerk eine gewisse Würde erlangt hatten." (Gay 2008, S. 508) Plötzlich wird nun der Massenkultur etwas

Besonderes abgewonnen. Selbst Kunstwerke, die nur von der Wiederholung leben, faszinieren. Das Prinzip der Massenkultur wird kopiert, verfremdet, aus dem Alltag genommen und mit einer neuen Aura in diesen zurückgegeben. Beides, Bewunderung und Kritik, lebt darin fort.

11. *Konsum und Kreativität sind Gegner und Verbündete.*
Eine Do it Yourself-Vorlage für ein Gemälde diente Andy Warhol, einem der bekanntesten Vertreter der Pop-Art-Bewegung, als Element des Spiels zwischen den Zielsetzungen einer künstlerischen Avantgarde und den Bedürfnissen der Masse. In seinem Buch „Die Erfindung der Kreativität" schreibt Andreas Reckwitz, dass Kreativität heute „Kreativitätswunsch und Kreativitätsimperativ, subjektives Begehren und soziale Erwartung [umfasst]. Man will kreativ sein – und man soll es sein." (2012, S. 10)

Offenbar werden also immer mehr Bereiche unserer Gesellschaft davon erfasst. Das künstlerische Element sucht sich neue Verbündete, Märkte aller Art werden an ihrer Originalität gemessen: Man denke an Streetfood-Events und die Vielfalt der dort präsentierten Speisen. Insofern findet nicht nur eine Entgrenzung von Kunst, sondern auch eine „Erweiterung des Verständnisses dessen, was als materieller Träger, als Objekt von Kunst in Frage kommt" (ebenda, S. 102), statt. Individualisierung und Ästhetisierung gehen Hand in Hand. Man bewegt sich sozusagen mehr und mehr außerhalb des Rahmens, was erneut Ambivalenz erzeugt. Denn diese Ausweitung kann auch als Vereinnahmung für nicht-künstlerische Zwecke verstanden werden.

Die Standardisierung von Produktionsverfahren hat bereits im 19. Jahrhundert den Gegenreflex des Handwerklichen ausgelöst. Die unverminderte Popularität des

Begriffs „Manufaktur" steht nicht nur für die Idee des Unikats oder der limitierten Auflagen, sondern für etwas Eigenes, Schöpferisches, für das Selbstgemachte. Der Entfremdungsgedanke, der mit dem rasanten Wachstum der Industriegesellschaft einherging, beschrieb die Distanz, die zwischen das Individuum und seine (technische) Umwelt tritt. Das vielfach beschriebene Unbehagen in der modernen Kultur weckt das Bedürfnis nach einer Rückkehr zum Ursprünglichen oder zumindest nach mehr Beteiligung. In den 1970er Jahren lautete daher eine Antwort: vom passiven Konsumenten zum Prosumenten. Dieser bereits erwähnte Begriff beschreibt die Ablehnung des ausschließlichen Konsumierens und betont den schöpferischen und kreativen Aspekt, der mit verschiedenen Formen des Konsums korrespondieren kann. Es geht zunächst um die Verlagerung oder Rückkehr von Produktionsfunktionen in Haushalte, in denen beispielsweise Produkte auf der Basis von Rohmaterialien selbst erstellt werden (Do it Yourself-Bewegung). Es geht aber auch um eine Reaktion auf die signifikante Verteuerung von Dienstleistungen und einen damit verbundenen Anstieg informeller Arbeitssektoren.

Diese Suche nach dem individuell und kulturell Signifikanten findet häufig im Privaten statt, lässt sich aber durch Angebote inspirieren. Das Phänomen ist weit davon entfernt, in Nischen ein Dasein zu fristen. Es genießt den Status populärkultureller Formate ebenso wie den festen Programmpunkt im Jahreskalender von öffentlichen und privaten Anbietern, die vom Wunsch, den Werkinstinkt (siehe Kap. 8) wieder aufleben zu lassen, profitieren. Es hat als Bedürfnis zahlreiche neue Dienstleistungen entstehen lassen, die mithilfe von Rohstoffen und Verfahren Wege zu Belohnungen eröffnen: Basteln, Kochen, Musizieren, Schreiben. Aus gemeinsamen Erfahrungen entstehen geteilte und individuelle Belohnungen.

12. *Der demografische Wandel erweitert das Konsumfeld.*
Die zunächst zögerliche Anpassung der Konsummärkte an den demografischen Wandel ist in vollem Gange. Nach dem Motto „Je früher, desto besser" werden Kinder als Konsumenten zelebriert. Während politische Beteiligung an Reife geknüpft wird, werden im Bereich des Konsums Mitspracherechte gerne bereits in frühen Jahren zugestanden. Die Differenzierung der Gesellschaft wird ebenfalls in stellvertretender Weise in Marktstrukturen gespiegelt. Der stellvertretende Konsum von Veblen war zunächst den Frauen vorbehalten. Den jüngeren Familienmitgliedern hatte er wenig Beachtung geschenkt. Aber gerade die junge Generation wird in Zukunft in besonderer Weise umworben werden. Da sie einen kontinuierlichen Werbedruck als Teil ihrer Sozialisation erlebt hat, wird sie nicht ein williges Opfer von Manipulationen, sondern ein Marktpartner, der sich zu wehren weiß. Peer Groups reagieren zwar bereitwillig auf Moden und Trends, lassen sich dabei aber nicht wirklich steuern. Sie werden in Zukunft ihre neue Marktmacht nicht aus der Hand geben, aber auch nicht dauerhaft die Rolle des Rebellen übernehmen.

Die Märkte passen sich also an veränderte demografische Strukturen und Lebensläufe an. Sie weiten dabei auch die Vorstellung von werberelevanten Zielgruppen aus. Es kommt also auf der Zeitachse zu einer Erweiterung des Konsumfelds. Die zögerliche Abkehr von bewährten Standards (z. B. Definition werberelevanter Zielgruppen) und Stereotypen zeigt sich am deutlichsten beim Umgang mit älteren Verbrauchern. Während anfänglich über Senior Model-Agenturen noch die Nase gerümpft wurde und jene, die damit ihr Geld verdienen wollten, nicht selten abschätzige Kommentare wie „Für welches Pflegemittel werben Sie denn?" ertragen mussten, ist man heute über die Rasanz des Wandels überrascht. Neben der nach wie vor vorhandenen Jugendlichkeitsorientierung wird in der Werbung auch das Älterwerden davon erfasst. Die dosierte Verteilung von Falten über das Gesicht der Werbeprotagonisten kommt einer metaphorischen Spiegelung einer Gesellschaft gleich, die mit dem Älterwerden einen langen Abschied von der Jugend verbindet und weniger ein kontinuierliches Altern. So wie man graue Haare nicht auf einen Schlag, sondern nach und nach bekommt, wandeln sich auch Altersbilder und sprachliche Inszenierungen von Alter und Altern in Werbeanzeigen. Neben die altersexklusive Werbung (z. B. für Medikamente oder Mobilitätshilfen) tritt eine Strategie, die das Alter vermehrt als Imagefaktor einsetzt, als Ausdruck von Vitalität, Ausstrahlung und Synonym für Erfolg. Mit der Richtung wird gespielt, indem vermehrt die sehr jungen Konsumenten verstärkende Impulsträger in Werbekampagnen werden. Damit wird die Verbundenheit der Generationen fast spielerisch in die jeweilige (Werbe-)Geschichte integriert.

13. *Die Konsumgesellschaft arbeitet an ihren Fehlern und erweitert ihr Fundament.*
Die Konsumgesellschaft ist seit ihren Anfängen ein Feld für Ambivalenzen gewesen, für einen Wechsel von Abneigung und Zuspruch, von Neugier und Überdruss, von Zufriedenheit und Unzufriedenheit. Walt W. Rostows „Buddenbrook-Dynamik" (1960, S. 27) ist dafür ein schönes Beispiel. Bei Thomas Mann strebt die erste Generation nach Geld, die zweite nach gesellschaftlicher Stellung, und die dritte – die beides besitzt – sucht ihr Glück in der Musik. Der heutige Konsument muss nicht mehr in „Generationen"-Kategorien denken. Er ist Teil einer Welt, die von Waren- und Dienstleistungsströmen lebt. Er kann seine Beteiligung daran flexibel gestalten. Die bunten

Beschreibungen der Lebensstil-Forschung bezeugen das. Zwischen der Tyrannei der kleinen und der Last der echten Entscheidungen ergeben sich viele Gelegenheiten, kluge Anpassungen unter Beweis zu stellen und im Sinne einer Selbstverpflichtung aus den eigenen Fehlern etwas zu lernen.

„Der ewige Brunnen": So lautet der Titel einer Gedichtesammlung, die nach vielen Themen sortiert ist und einen interessanten Einblick in die Wahrnehmung des sozialen und kulturellen Wandels vermittelt. In der Kategorie „Alltag" spielt auch das Essen und Trinken eine Rolle, etwa in Carl Zuckmayers Gedicht „Das Essen":

> „Wenn du Kartoffel oder Spargel isst schmeckst du den Sand der Felder und den Wurzelsegen, des Himmels Hitze und den großen Regen, die kühlen Wässer und den warmen Mist."

Der Kontrast zu einer durchformatierten Konsumgesellschaft, die sich mit ihren Gewohnheiten und Automatismen, aber auch eingebauten Strategien der Abwechslung, eingerichtet hat, erfährt in dieser Verbindung von Natur und Konsum den Blick in einen vermeintlich fernen Spiegel. Stets hat die Konsumkritik auch davon gelebt, diesen Entfremdungsprozess von den Wurzeln des täglichen Brots, von saisonalen Angeboten und den Hinterbühnen der Supermarktregale in Erinnerung zu rufen. Was aus eigener Anschauung oder Erfahrung fehlt, erreicht die Konsumenten über die Erfolge der Verbraucherpolitik: die Tierhaltung wird vermessen und kategorisiert, Skalen und Scores bilden Qualitätsstufen ab, Siegel gewährleisten Kontrolle und regionales Bewusstsein. Auf den Cornflakespackungen stehen nicht nur Geschichten über die moderne Kultur, dort findet sich auch das statistische Kaleidoskop eines Phänomens, das in einem anderen Zusammenhang einmal „Schuldgefühlmarketing" (Haubl 1996, S. 205) genannt wurde.

Die Orte des Konsums – auch solche, die mit einem Mausklick betreten werden – optimieren die Atmosphäre und werden darüber selbst wieder Teil eines Rankings. Die Konsumforschung misst die Verweildauer und leitet daraus Erfolgsstrategien für „Konsumwalks" ab. Wer etwas besorgt, kann auch etwas erleben. Dort, wo die Logik des Billigen regiert, werden die Ansprüche an das Umfeld zwar vor allem durch den günstigen Preis moderiert, aber auch hier ändert sich der Standard.

In diesem steten Verbesserungsprozess haben es Belehrungen des Verbrauchers schwer. Die Selbststeuerung des Marktes lebt von immer neuen Impulsen, die häufig leiser und unspektakulärer erscheinen als die lauteren Töne der Konsumkritik. Mit seinem Lied „Stop Shopping" versuchte Reverend Billy die US-Amerikaner einmal von ihrer Kaufsucht zu befreien. Wahrscheinlich hören sie ihm gerne zu – aber sie denken dabei eher nicht an sich:

„We will never shop again
Forever and Amen
Alelujiah, Alelujiah, Alelujiah
We won't shop again!"

Wer die Website dieser Initiative besucht, wird von einer bunten Szenerie begrüßt, die den Slogan „The Church of Stop Shopping"[5] umrahmt.

---

[5] https://revbilly.com/

14. *Die Zukunft des Konsums braucht ein verbindlicheres Leitbild.*
Spätestens nach dem Bericht des Club of Rome über die Grenzen des Wachstums wurde vermehrt artikuliert, dass eine Ausbreitung westlicher Konsummuster über den Globus verheerende Folgen nach sich ziehen wird. Abgerechnet wird auch hier auf vielfältige Weise, z. B. durch die Bestimmung des Erdüberlastungstags, der die Nachfrage nach nachwachsenden Rohstoffen dem Angebot des Planeten gegenüberstellt.

Wann auch immer die ökologische Kritik des Konsums ihren Anfang nahm: Die Nachfrageabhängigkeit des Wohlstands fördert nach wie vor das Arbeiten an Kompromissen. Zu den Grenzen des Wachstums gesellte sich eine intensivere Auseinandersetzung mit den Grenzen des Konsums (vgl. umfassend Müller 2022), verbunden mit Appellen an das Kollektiv der Konsumentinnen und Konsumenten, Abschied von einfachen Lösungen für existenzielle Problemlagen zu bevorzugen. Die Umwelt rechnet ab und meldet sich mit unmissverständlichen Signalen. In seinem Buch „Verbraucherdemokratie" hat Jörn Lamla von einem „*Typenspektrum* von Verbrauchern" gesprochen, die sich nicht alle in gleicher Weise und mit den gleichen Botschaften mobilisieren lassen (2013, S. 451). „Faule Kompromisse" (Lamla 2013, S. 453), die er ebenfalls beschreibt, greifen nicht systematisch in das Zusammenwirken von Angebot und Nachfrage ein. In der Zuschreibung von Verantwortungen spiegeln markante Relationen gleichsam Vorstellungen von Prioritäten im Verhaltenswandel. Wenn also das reichste Prozent der Weltbevölkerung ebenso viele Emissionen zu verantworten hat wie 50 % der ärmsten Bevölkerung (vgl. Müller 2022, S. 359), dann muss doch zunächst einmal dort über die Definition dringlicher Bedürfnisse, über die Verhältnismäßigkeit von Wünschen und Ansprüchen nachgedacht werden.

10 „Thesenabrechnung" – Die Quittung

Die pragmatischen Zwischenlösungen passen zu einer Mentalität, die noch immer von einer Gestaltbarkeit der Zukunft ausgeht. In der Geschichtswissenschaft wird das Phänomen zeitlicher Unsicherheit und Orientierungslosigkeit selbst zu einem Phänomen von historischem Interesse (vgl. Clark 2018, S. 246). Ein wesentlicher Grund liegt in der Trübung des Blicks nach vorn, der mehr und mehr von den Fehlern der Vergangenheit überlagert wird. In dieser Vergangenheit kam es unter anderem im Jahr 1958 zu einer vielbeachteten und kontrovers diskutierten Publikation des nordamerikanischen Ökonomen John Kenneth Galbraith, der in „Gesellschaft im Überfluss" die Abkopplung des Umfangs der Bedürfnisbefriedigung von der Dringlichkeit dieser Bedürfnisse konstatierte und dabei bereits die negativen Folgen des dadurch ausgelösten Wirtschaftswachstums für die Umwelt hervorhob. Auch ihm war sehr bewusst, dass der Status von Gütern nicht nur aus der Konkurrenz zwischen Menschen, sondern auch aus einer Hervorhebung des mit dem Verbrauch der Güter einhergehenden Zusatznutzens erwächst. „For good" wird bereits heute vielen Produkten und Dienstleistungen mit auf den Weg gegeben. Die neue Konkurrenz wird von echtem Vertrauen in diese Versprechungen getragen sein müssen. Es geht um die Gestaltung eines doppelten Umwelt-Effekts: das absolute Bedürfnis einer überlasteten Umwelt und das relative Bedürfnis einer Gesellschaft, die auch hier ohne Wettbewerb und Vielfalt nicht auszukommen scheint. So bleibt dem Konsum sein ambivalenter Charakter erhalten: Er nährt die Kritik und vereinnahmt die Gesellschaft.

Literatur

Baacke, Dieter. 1999. *Jugend und Jugendkulturen. Darstellung und Deutung.* 3. Auflage. Weinheim usw.: Juventa.
Barthes, Roland. 1985. *Die Sprache der Mode.* [Aus d. Franz.] Frankfurt/Main: Suhrkamp.
Barthes, Roland. 2010. *Mythen des Alltags.* [Aus d. Franz., zuerst 1957]. Frankfurt/Main: Suhrkamp.
Bauer, Raymond A. 1964. The Obstinate Audience: The Influence Process from the Point of View of Social Communication. *The American Psychologist* 19: 319–328.
Bauman, Zygmunt. 2005. Wenn Menschen zu Abfall werden. *Die Zeit* 47: 65.
Bauman, Zygmunt. 2008. *Flüchtige Zeiten. Leben in der Ungewissheit.* [Aus d. Engl.]. Hamburg: Hamburger Edition.
Bauman, Zygmunt. 2009. *Leben als Konsum.* [Aus d. Engl.]. Hamburg: Hamburger Edition.
Bohn, Cornelia; Hahn, Alois. 2000. Pierre Bourdieu. In *Klassiker der Soziologie. Band 2,* 2. Auflage, hg. Dirk Kaesler, 252–271. München: C. H. Beck.

Boltz, Dirk-Mario; Trommsdorff, Volker. 2022. *Konsumentenverhalten*. 9., überarbeitete Auflage. Stuttgart: W. Kohlhammer.
Bolz, Norbert. 2002. *Das konsumistische Manifest*. München: Fink.
Bosshart, David. 2004. *Billig. Wie die Lust am Discount Wirtschaft und Gesellschaft verändert*. 2., aktualisierte Auflage. Frankfurt/Main: Redline Wirtschaft.
Braudel, Fernand. 1985. *Sozialgeschichte des 15.–18. Jahrhunderts. Der Alltag*. [Aus d. Franz.]. München: Kindler.
Braudel, Fernand. 1986. *Sozialgeschichte des 15.–18. Jahrhunderts. Der Handel*. [Aus d. Franz.]. München: Kindler.
Braun, Hans. 1989. Helmut Schelskys Konzept der ‚nivellierten Mittelstandsgesellschaft' und die Bundesrepublik der 50er Jahre. *Archiv für Sozialgeschichte* 29: 199–223.
Brewer, John. 1997. Was können wir aus der Geschichte der frühen Neuzeit für die moderne Konsumgeschichte lernen? In *Europäische Konsumgeschichte. Zur Gesellschafts- und Kulturgeschichte des Konsums (18. bis 20. Jahrhundert)*, hg. Hannes Siegrist u. a., 51–74. Frankfurt/New York: Campus.
Brown, George H. 1961. The Automobile Buying Decision within the Family. In *Household Decision-making*. (Consumer Behaviour, Vol. IV), hg. Nelson N. Foote, 193–199. New York: University Press.
Brumberg, Joan Jacobs. 1994. *Todeshunger. Die Geschichte der Anorexia nervosa vom Mittelalter bis heute*. [Aus d. Amerik.]. Frankfurt/Main: Campus.
Campbell, Colin. 1987. *The Romantic Ethic and the Spirit of modern Consumerism*. Oxford, New York: Basil Blackwell.
Clark, Christopher. 2018. *Von Zeit und Macht. Herrschaft und Geschichtsbild vom Großen Kurfürsten bis zu den Nationalsozialisten*. [Aus d. Engl.]. München: Deutsche Verlags-Anstalt.
Coleman, James S. 1991. *Grundlagen der Sozialtheorie. Band 1: Handlungen und Handlungssysteme*. [Aus d. Amerik.]. München: Oldenbourg.

Dahrendorf, Ralf. 2008. Ralf Dahrendorf im Gespräch: „Die Freiheit des Marktes braucht Regeln. Der Finanzkapitalismus hatte sich zuletzt verselbständigt". www.rundschau-hd.de. Abruf 06.08.2024.

DAK. 2024. DAK-Studie: Fasten liegt bei jungen Menschen im Trend. www.dak.de. Abruf 30.07.2024.

David, Thomas. 2012. Im Gespräch: Don DeLillo. Können Sie die Zeichen der Zeit lesen, Mr DeLillo? Frankfurter Allgemeine Zeitung, 15. September, 216: Z6.

DeLillo, Don. 1987. *Weißes Rauschen*. [Aus d. Amerik.]. Köln: Kiepenheuer & Witsch.

Diderot, Denis. 1993. *Gründe, meinem alten Hausrock nachzutrauern. Über die Frauen. Zwei Essays.* [Aus d. Franz., zuerst 1772]. Berlin: Adelphi.

Driessler, Hannah. 2022. Die „Bibel des Wirtschaftswunders". Der Quelle-Katalog. www.raus-ins-museum.de. Abruf 06.08.2024.

Enzensberger, Hans Magnus. 1962. *Einzelheiten I. Bewußtseins-Industrie.* Frankfurt/Main: Suhrkamp.

Enzensberger, Hans Magnus. 1996. Reminiszenzen an den Überfluß. Der alte und der neue Luxus. *Der Spiegel* 51: 108–118.

Enzensberger, Hans Magnus. 2019. *Gedichte. 1950–2020.* Frankfurt am Main: Suhrkamp.

Ersche, Karen et al. 2017. Creature of habit. A self-report measure of habitual routines and automatic tendencies in everyday life. *Personality and Individual Differences* 116: 73–85.

Fischermann, Thomas. 2007. „Zu schick! Zu heiß! Zu richtig!" ZEIT online. www.zeit.de. Abruf 30.07.2024.

Frank, Robert. 2009. *Richistan. Eine Reise durch die Welt der Megareichen.* [Aus d. Amerik.]. Frankfurt/Main: Fischer.

Freedman, Paul. 2007. Eine neue Geschichte der feinen Küche. In *Essen – eine Kulturgeschichte des Geschmacks* [Aus d. Engl.], hg. Paul Freedman, 7–33. Darmstadt: Wissenschaftliche Buchgesellschaft.

Frei, Helmut. 1997. *Tempel der Kauflust: eine Geschichte der Warenhauskultur.* Leipzig: Edition Leipzig.

Gay, Peter. 2008. *Die Moderne. Eine Geschichte des Aufbruchs*, Frankfurt/Main: S. Fischer.

Geiger, Theodor. 1987. Kritik der Reklame – Wesen, Wirkungsprinzip, Publikum. [zuerst 1943]. *Soziale Welt* 38(4): 471–492.

Geißler, Rainer. 1996. „Kein Abschied von Klasse und Schicht. Ideologische Gefahren der deutschen Sozialstrukturanalyse". *Kölner Zeitschrift für Soziologie und Sozialpsychologie* 48: 319–338.

Gersmann, Hanna; Willms, Beate. 2006. Der Arme muss fressen. taz, 13. Januar, 3.

Giersberg, Georg. 2009. Das Letzte große Buch des Konsums. www.faz.net. Abruf 06.08.2024.

Goffman, Erving. 1980. *Rahmen-Analyse*. [Aus d. Amerik.]. Frankfurt/Main: Suhrkamp.

Grimm, Jacob; Grimm, Wilhelm. 1885. *Deutsches Wörterbuch*. Band 6. Leipzig: Hirzel.

Gundle, Stephen. 2008. *Glamour. A History*. Oxford: Oxford University Press.

Habermas, Jürgen. 1998. *Die postnationale Konstellation. Politische Essays*. Frankfurt/Main: Suhrkamp.

Hahn, Alois. 1987. Soziologische Aspekte der Knappheit. In *Soziologie wirtschaftlichen Handelns. (Kölner Zeitschrift für Soziologie und Sozialpsychologie, Sonderheft 28)*, hg. Klaus Heinemann, 119–132. Opladen: Westdeutscher Verlag.

Hartwig, Kai; Bammert, Lena. 2021. Das wurde aus den vergessenen Supermarkt-Ketten von früher. www.merkur.de. Abruf 06.08.2024.

Haubl, Rolf. 1996. „Welcome to the pleasure dome". Einkaufen als Zeitvertreib. In *Freizeit in der Erlebnisgesellschaft: Amüsement zwischen Selbstverwirklichung und Kommerz*. 2. Auflage, hg. Hans A. Hartmann; Rolf Haubl, 199–224. Opladen: Westdeutscher Verlag.

Heath, Joseph; Potter, Andrew. 2009. *Konsumrebellen. Der Mythos der Gegenkultur*. [Aus d. Amerik.]. Berlin: Rogner & Bernhard bei Zweitausendeins.

Hellmann, Kai-Uwe. 2023. *Theater des Konsums. Vorstudien für eine Soziologie der Verbraucherbühnen*. Wiesbaden: Springer VS.

Hirsch, Fred. 1980. *Die sozialen Grenzen des Wachstums. Eine ökonomische Analyse der Wachstumskrise.* [Aus d. Engl.]. Reinbek bei Hamburg: Rowohlt.

Hirschfelder, Gunther. 2018. Facetten einer Ernährungs-Globalgeschichte. Esskultur als Resultat historischer Prozesse. *Aus Politik und Zeitgeschichte. Beilage zur Wochenzeitung Das Parlament* 68(1–2): 4–12.

Hirschman, Albert O. 1984. *Engagement und Enttäuschung. Über das Schwanken der Bürger zwischen Privatwohl und Gemeinwohl.* [Aus d. Amerik.]. Frankfurt/Main: Suhrkamp.

Homans, George Caspar. 1972. *Grundfragen soziologischer Theorie, hrsg. und mit einem Nachwort versehen von Viktor Vanberg.* [Aus d. Engl.]. Opladen: Westdeutscher Verlag.

Hondrich, Karl Otto. 1983. Bedürfnisse, Ansprüche und Werte im sozialen Wandel. Eine theoretische Perspektive. In *Bedürfnisse. Stabilität und Wandel,* hg. Karl Otto Hondrich; Randolph Vollmer, 15–74. Opladen: Westdeutscher Verlag.

Jäckel, Michael. 2011. *Einführung in die Konsumsoziologie. Fragestellungen – Kontroversen – Beispieltexte.* 4., durchgesehene und aktualisierte Auflage. Wiesbaden: VS Verlag für Sozialwissenschaften.

Jäckel, Michael; Reinhardt, Jan Dietrich. 2002. Aufmerksamkeitsspiele: Anmerkungen zu provokanter Werbung. In *Die Gesellschaft der Werbung. Kontexte und Texte. Produktionen und Rezeptionen. Entwicklungen und Perspektiven,* hg. Herbert Willems, 527–548. Wiesbaden: Westdeutscher Verlag.

Katona, George. 1962. *Die Macht des Verbrauchers.* [Aus d. Amerik.]. Düsseldorf, Wien: Econ.

Katona, George. 1965. *Der Massenkonsum. Eine Psychologie der neuen Käuferschichten.* [Aus d. Amerik.]. Wien, Düsseldorf: Econ.

Kaube, Jürgen. 2007. Das einfache Leben ist unerschwinglich. Frankfurter Allgemeine Sonntagszeitung, 16. Dezember, 50: 76.

Kaube, Jürgen. 2017. *Die Anfänge von allem*. Reinbek bei Hamburg: Rowohlt.
Keynes, John Maynard. 1972. Essays in Persuasion. [zuerst 1931]. In *The Collected Writings of John Maynard Keynes. Volume IX*. London u. a.: Macmillan u. a.
Kierkegaard, Sören. 1960. *Entweder – Oder*. 2. Auflage. [zuerst 1843]. Köln: Hegner.
Klein, Naomi. 2001. *No Logo. Der Kampf der Global Players um Marktmacht*. [Aus d. Amerik.]. München: Goldmann.
König, René. 1965. Die soziale und kulturelle Bedeutung der Ernährung in der industriellen Gesellschaft. In *Soziologische Orientierungen*, hg. René König, 494–505. Köln: Kiepenheuer & Witsch.
König, Wolfgang. 2000. *Geschichte der Konsumgesellschaft*. (Vierteljahrschrift für Sozial- und Wirtschaftsgeschichte: Beihefte, 154). Stuttgart: Steiner.
Lamla, Jörn. 2013. *Verbraucherdemokratie. Politische Soziologie der Konsumgesellschaft*. Berlin: Suhrkamp.
Lenk, Ina Sophie. 2022. Sterne deuten im Amazon Universum – doch komplexer als gedacht? In *Brand Evolution*, hg. Elke Theobald; Brigitte Gaiser, 783–806. Wiesbaden: Springer Gabler.
Levine, Robert. 2005. *Die große Verführung. Psychologie der Manipulation*. [Aus d. Amerik.]. München: Piper.
Lévi-Strauss, Claude. 1968. *Das wilde Denken*. [Aus d. Franz.]. Frankfurt/Main: Suhrkamp.
Lewin, Kurt. 1982. *Kurt-Lewin-Werkausgabe. Band 4 Feldtheorie*, hg. Carl-Friedrich Graumann. [Aus d. Engl., zuerst 1951]. Bern, Stuttgart: Huber.
Luhmann, Niklas. 2017. *Die Realität der Massenmedien*. 5. Auflage. Wiesbaden: Springer VS.
Mandeville, Bernard de. 1980. *Die Bienenfabel oder private Laster, öffentliche Vorurteile*. 3. Auflage. [Aus d. Engl, zuerst 1703]. Frankfurt/Main: Suhrkamp.
McCracken, Grant. 1988. *Culture and Consumption. New Approaches to the Symbolic Character of Consumer Goods and Activities*. Bloomington, Indianapolis: Indiana University Press.

Mennell, Stephen. 1988. *Die Kultivierung des Appetits. Die Geschichte des Essens vom Mittelalter bis heute.* [Aus d. Engl.]. Frankfurt/Main: Athenäum.

Müller, Sebastian. 2022. *Die Grenzen des Konsums. Eine Verantwortungstheorie der Konsumentenrolle.* Frankfurt/Main: Campus.

N.N. (1998): „Wir veranstalten keinen Rummel." Ein ZEIT-Gespräch mit Hubert Markl. Die Zeit, 26. Februar, 10: 37.

N.N. 1993. „Nur noch beim Kaufen fühlen sich die Menschen frei". Ein Gespräch mit dem Konsumforscher Professor Gerhard Scherhorn über süchtiges Kaufen und die Armut des Überflusses. *Psychologie Heute* Januar, 22–26.

N.N. 2006. „Kaufen Sie gar nichts!" Interview mit Vivienne Westwood. stern 26. Januar, 5: 96–101.

Neffe, Jürgen. 2006. *Einstein. Eine Biographie.* Reinbek bei Hamburg: Rowohlt.

Oberhuber, Nadine. 2010. Die geballte Macht des Kunden. Frankfurter Allgemeine Sonntagszeitung, 14. Februar, 6: 42.

Packard, Vance. 1958. *Die geheimen Verführer. Der Griff nach dem Unbewußten in Jedermann.* [Aus d. Engl.]. Düsseldorf, Wien: Econ.

Pfannkuch, Katharina. 2024. Alles auf Buttergelb. Frankfurter Allgemeine Sonntagszeitung, 7. April, 14: 14.

Podjavorsek, Peter. 2020. Das Ende der Kaufhäuser, Malls und Einkaufsstraßen. www.deutschlandfunkkultur.de. Abruf 06.08.2024.

Prinz, Michael. 1996. *Brot und Dividende. Konsumvereine in Deutschland und England vor 1914.* (Kritische Studien zur Geschichtswissenschaft, 112). Göttingen: Vandenhoeck & Ruprecht.

Reckwitz, Andreas. 2012. *Die Erfindung der Kreativität. Zum Prozess gesellschaftlicher Ästhetisierung,* Berlin: Suhrkamp.

Rehberg, Karl-Siegbert. 2006. Die unsichtbare Klassengesellschaft. In *Soziale Ungleichheit, kulturelle Unterschiede. Verhandlungen des 32. Kongresses der Deutschen Gesellschaft für Soziologie in München,* hg. Karl-Siegbert Rehberg, 2004, 19–38. Frankfurt/Main: Campus.

Reichertz, Jo. 1998. Werbung als moralische Unternehmung. In *Die umworbene Gesellschaft*, hg. Michael Jäckel, 273–299. Opladen: Westdeutscher Verlag.
Riesman, David u. a. 1950. *The Lonely Crowd. A Study of the Changing American Character*. New Haven: Yale University Press.
Ringelnatz, Joachim. 1985. *Gedichte. Band 2. Das Gesamtwerk in sieben Bänden*, hg. Walter Pape. Berlin: Karl H. Henssel Verlag.
Ritzer, George. 1997. *Die McDonaldisierung der Gesellschaft*. [Aus d. Amerik.]. Frankfurt am Main: Fischer.
Rostow, Walt W. 1960. *Stadien wirtschaftlichen Wachstums. Eine Alternative zur marxistischen Entwicklungstheorie*. [Aus d. Engl.]. Göttingen: Vandenhoeck & Ruprecht.
Sandall, Roger. 2005. Das Fortschrittsparadox. Über die Wurzeln des romantischen Primitivismus. *Merkur* 679: 1042-1049.
Schama, Simon. 1988. *Überfluss und schöner Schein. Zur Kultur der Niederlande im Goldenen Zeitalter.* München: Kindler.
Schelsky, Helmut. 1965. *Auf der Suche nach der Wirklichkeit. Gesammelte Aufsätze.* Düsseldorf: Diederich.
Schindelbeck, Dirk. 2001. *Illustrierte Konsumgeschichte der Bundesrepublik Deutschland 1945- 1990*. Erfurt: Landeszentrale für politische Bildung Thüringen.
Schmidt, Siegfried J. 2000. *Kalte Faszination. Medien, Kultur, Wissenschaft in der Mediengesellschaft.* Weilerswist: Velbrück Wissenschaft.
Schönbach, Klaus. 2022. *Verkaufen, Flirten, Führen. Persuasive Kommunikation – ein Überblick. 5. Auflage*. Wiesbaden: Springer VS.
Schößler, Franziska. 2005. Die Konsumentin im Kaufhaus. Weiblichkeit und Tausch in Emile Zolas Roman Au Bonheur des Dames. In *Tauschprozesse. Kulturwissenschaftliche Verhandlungen des Ökonomischen,* hg. Georg Mein; Franziska Schößler, 245–273. Bielefeld: Transcript.
Schramm, Manuel. 2017. *Wirtschafts- und Sozialgeschichte Westeuropas seit 1945*. Köln: Böhlau.

Schülein, Johann August. 1990. *Die Geburt der Eltern. Über die Entstehung der modernen Elternposition und den Prozeß ihrer Aneignung und Vermittlung.* Opladen: Westdeutscher Verlag.

Schulze, Gerhard. 1995. Das Medienspiel. In *Kulturinszenierungen,* hg. Stefan Müller-Doohm; Klaus Neumann-Braun, 363–378. Frankfurt/Main: Suhrkamp.

Schwartz, Barry. 2004. *Anleitung zur Unzufriedenheit. Warum weniger glücklich macht.* [Aus d. Amerik.]. Berlin: Econ.

Scitovsky, Tibor. 1989. *Psychologie des Wohlstandes. Die Bedürfnisse des Menschen und der Bedarf des Verbrauchers.* [Aus d. Engl.]. Frankfurt/Main, New York: Campus.

Simmel, Georg. 1910. Soziologie der Mahlzeit. Der Zeitgeist. Beiblatt zum Berliner Tageblatt, 10. Oktober.

Simmel, Georg. 1919. Die Mode. In *Philosophische Kultur,* hg. Georg Simmel, 25–57. Leipzig: Alfred Kröner.

Simmel, Georg. 1992. Zur Psychologie der Mode. Sociologische Studie. In *Gesamtausgabe. Aufsätze und Abhandlungen 1894 bis 1900.* 5., hg. Georg Simmel; Ottheim Rammstedt, 105–114. Frankfurt/Main: Suhrkamp.

Solomon, Michael R. 1994. *Consumer behavior. Buying, having, and being,* Boston: Allyn and Bacon.

Solomon, Michael R. 2020. *Consumer behavior. Buying, having, and being,* Harlow: Pearson.

Sombart, Werner. 1913. *Die deutsche Volkswirtschaft im neunzehnten Jahrhundert. Dritte, durchgesehene und bis auf die Gegenwart weitergeführte Auflage.* Berlin: Bondi.

Sombart, Werner. 1969. *Das europäische Wirtschaftsleben im Zeitalter des Frühkapitalismus. Erster Halbband.* (Der moderne Kapitalismus. Zweiter Band). [zuerst 1902]. Berlin: Duncker & Humblot.

Stresemann, Gustav. 1900. Die Warenhäuser. Ihre Entstehung, Entwicklung, und volkswirtschaftliche Bedeutung. *Zeitschrift für die gesamte Staatswissenschaft* 56: 696–733.

Sullivan, Oriel; Gershuny, Jonathan. 2004. Inconspicious Consumption. Work-Rich, Time-Poor in the liberal Market Economy. *Journal of Consumer Culture* 4(1): 79–100.

Teuteberg, Hans J.; Wiegelmann, Günter. 1972. *Der Wandel der Nahrungsgewohnheiten unter dem Einfluß der Industrialisierung.* (Studien zum Wandel von Gesellschaft und Bildung im Neunzehnten Jahrhundert, 3). Göttingen: Vandenhoeck & Ruprecht.
Thomas, Dana. 2019. *Fashionopolis. The Price of Fast Fashion and the Future of Clothes.* London: Penguin Press.
Thompson, Edward P. 1973. Zeit, Arbeitsdisziplin und Industriekapitalismus. [Aus d. Engl., zuerst 1967]. In *Gesellschaft in der industriellen Revolution,* hg. Rudolf Braun u. a., 81–112. Köln: Kiepenheuer & Witsch.
Tucholsky, Kurt. 1968. *Wenn die Igel in der Abendstunde.* Zusammengestellt von Fritz J. Raddatz. Reinbek bei Hamburg: Rowohlt Verlag GmbH.
Ullmann, Hans-Peter. 2000. „Der Kaiser bei Wertheim" – Warenhäuser im wilhelminischen Deutschland. In *Europäische Sozialgeschichte. Festschrift für Wolfgang Schieder,* hg. Christof Dipper u. a., 223–236. Berlin: Duncker & Humblot.
Unfried, Peter. 2007. Wunderbare Welt der Lohas. www.taz.de. Abruf 08.08.2024.
Veblen, Thorstein. 1981. *Theorie der feinen Leute. Eine Ökonomische Untersuchung der Institutionen.* [Aus d. Amerik., zuerst 1899]. München: Deutscher Taschenbuch Verlag.
Voth, Joachim. 2010. Das Glück der bunten Warenwelt. Frankfurter Allgemeine Sonntagszeitung, 3. Juli: 44.
Weber, Max. 1986. *Gesammelte Aufsätze zur Religionssoziologie I.* [zuerst 1920]. Tübingen: Mohr.
Wiesenthal, Helmut. 1987. Die Ratlosigkeit des Homo Oeconomicus. In *Subversion der Rationalität,* hg. Jon Elster, 7–19. Frankfurt/Main: Campus.
Wunderlich, Leonie. 2023. Parasoziale Meinungsführer. Eine qualitative Untersuchung zur Rolle von Social Media Influencer*innen im Informationsverhalten und in Meinungsbildungsprozessen junger Menschen. *Medien- und Kommunikationswissenschaft* 71(1–2): 37–60.

Wyrwa, Ulrich. 1997. Consumption, Konsum, Konsumgesellschaft. Ein Beitrag zur Begriffsgeschichte. In *Europäische Konsumgeschichte: zur Gesellschafts- und Kulturgeschichte des Konsums (18. bis 20. Jahrhundert)*, hg. Hannes Siegrist u. a., 747–762. Frankfurt/Main, New York: Campus.

Zahn, Ernest. 1960. *Soziologie der Prosperität*. Köln: Kiepenheuer & Witsch.

Zentralverband der deutschen Werbewirtschaft. 2001. *Werbung in Deutschland 2001*. Bonn: Edition ZAW.

Ziesemer, Florence u. a. 2016. Die Messung von nachhaltigem Konsumbewusstsein. Ein ganzheitlicher Blick auf Nachhaltigkeit. *Ökologisches Wirtschaften*. 31(4): 24–26.

Zuckmayer, Carl. 1977. *Gedichte*. Frankfurt/ Main: S. Fischer.

MIX
Papier aus verantwortungsvollen Quellen
Paper from responsible sources
FSC® C105338

If you have any concerns about our products,
you can contact us on
ProductSafety@springernature.com

In case Publisher is established outside the EU,
the EU authorized representative is:
**Springer Nature Customer Service Center GmbH
Europaplatz 3, 69115 Heidelberg, Germany**

Printed by Libri Plureos GmbH
in Hamburg, Germany